Dänemark

Jakob Hansen

Reisen mit Erlebnis-Garantie

10 **MERIAN-TopTen**
Was Sie unbedingt sehen sollten

MERIAN-Tipp **MERIAN-Tipps**
Persönliche Empfehlungen unserer Autoren

MMM MM M **MERIAN-Bewertung**
Übernachten, Einkaufen, Essen und Trinken mit Flair

Für Familien
Für Eltern mit Kindern besonders geeignet

65 km ss127 **Tourenplaner**
Damit Sie leichter ans Ziel kommen

Der Nationalstolz der Dänen ist groß. Entsprechend sind die Landesfarben an jeder Straßenecke zu sehen. Und natürlich auch am Hafen.

Der Autor:

Jakob Hansen, Jahrgang 1961, betrat 1967 erstmals Dänemark. Seitdem lässt ihn das Land nicht mehr los, und er verbringt jährlich mehrere Wochen dort. Die restliche Zeit des Jahres lebt und arbeitet er in Hamburg.

Smørrebrød und Aquavit, Fischerhäfen und endlose Strände, Hightech-Design und fröhliche Menschen – typische Klischees, die sich allerdings überall im Land bestätigen.

Der Nyhavn, der Hafen in Kopenhagen, bietet sich für eine Rast bei Kaffee oder Bier an (→ S. 83).

Am 14. Juni 1998 wurde Dänemark kleiner. Die Limousine der Königin zerriss das Band, die Brücke zwischen Fünen und Seeland war freigegeben. Aus der einstündigen Fährfahrt über den Großen Belt **(Storebælt)** war eine Autofahrt von wenigen Minuten geworden. Die Romantiker trauerten, die Eiligen jubelten.

Zwei Jahre später wurde Dänemark wieder größer. Die Brücke nach Schweden (Øresundsbro) wurde eröffnet. Und plötzlich war es nur noch ein zeitlicher Katzensprung hinüber nach Malmö. Man entdeckte Schonen wieder, das bis 1658 ja zu Dänemark gehört hatte. Das Phänomen von 1998 wiederholte sich. Besuchten damals die Seeländer auf der einen und die Fünen und Jüten auf der anderen Seite einander dank der Brücke nun sehr viel intensiver, so zog es plötzlich die Schweden in wahren Scharen nach Kopenhagen. Umgekehrt waren es nicht ganz so viele Menschen. Interessant: Die Zahl der Pendler stieg 2000 wie bereits 1998. Das Land der Fähren war zum Land der Brücken geworden und veränderte seinen Charakter.

Skepsis und Innovation

Man mag darüber lachen, zu wie vielen jahrelangen Diskussionen der Brückenbau geführt hat. Doch wird hier auch eine Skepsis der Dänen vor allzu viel Fortschrittswahn deutlich. Sie fragen sich: Muss wirklich alles sein, was möglich ist?

Sehr sorgsam wägt man ab. Dient eine neue Idee wirklich allen Menschen, den großen wie den kleinen, den reichen wie den armen? Zieht sie die Umwelt in Mitleidenschaft? Wird der hohe soziale und kulturelle Standard eventuell gefährdet?

Überlegungen, die zu Sonderrollen führen. So zum Beispiel in der EU. Dänemark ist dabei, hat sich aber Ausnahmeregelungen erkämpfen können. So dürfen Ausländer zum Beispiel keine Sommerhäuser erwerben. Auch beim Euro macht man vorerst nicht mit. Und Dosenbier ist verboten. Die Skepsis der Dänen gegenüber der EU ist immens, man will sich schließlich von den Bürokraten in Brüssel nicht das Erreichte nehmen lassen.

Unterstrichen wird der Eindruck des national Orientierten auch durch andere Dinge. So weht immer und überall der **Danebrog,** die Fahne der Dänen. Sie fiel 1219 der Legende nach während der Schlacht bei Reval vom Himmel und gilt heute als älteste Fahne der Welt. Und wer sich die Fernsehnachrichten anschaut, wird feststellen, dass sich mindestens 80 Prozent der Berichterstattung auf dänische Themen konzentrieren.

Andererseits gibt es aber sehr innovative dänische Firmen, die weltweit agieren und großes Ansehen genießen. Carlsberg-Tuborg etwa, einer der größten Bierbrauer der Erde. Die Pharmafirma Novo Nordisk gehört zu diesem

Kreis, der Fensterhersteller Velux, die Firmengruppe Mærsk, die Hightech-Schmiede Bang & Olufsen, Lego natürlich auch.

Land der Kontraste

Dieser Kontrast zwischen Weltoffenheit und Provinzialität wird aber auch deutlich, wenn man durch das Land fährt. Ambitionierte Bauten wie die Brücken über Storebælt und Øresund (Kopenhagen–Malmö), ein renommiertes Kunstmuseum wie Louisiana oder das hoch angesehene Königshaus atmen den Hauch der großen weiten Welt. Auf der anderen Seite aber die jütische Provinz, die abends menschenleer zu sein scheint. Kleine Fischerhäfen, die bei Sonnenschein bezaubernd, im Regen aber eher deprimierend wirken. Und wer abseits der Hauptstraßen fährt, sieht plötzlich Autos vor sich, die einem Oldtimermuseum entstammen könnten.

Sicherlich ist es aber auch dieser Kontrast, der viele Urlauber reizt. Wer will, kann in Kopenhagen oder Århus großartig shoppen, in Silkeborg, Randers oder Odense Kunst von Weltrang sehen, in Roskilde und Ribe den Spuren der Wikinger folgen. Wer einfach nur relaxen mag, gibt sich schlicht der Landschaft hin. Den weiten wilden Stränden der Nordsee oder den bedächtigeren der Ostsee. Radelt entspannt in diesem vergleichsweise flachen Land. Schaut den Fischern in den Häfen zu. Oder macht es sich einfach im Ferienhaus bequem.

Was vielen Besuchern aber auch imponiert, das ist die Toleranz der Dänen. Großzügigkeit wird groß geschrieben, niemand wird ausgegrenzt. Sehr viel stärker als in den meisten anderen Ländern wird etwa auf Schwerbeschädigte Rücksicht genommen, werden Bauten ihren Bedürfnissen angepasst. Die Freigabe der Pornographie oder die legale Heirat Homosexueller haben Dänemark den Ruf großer Toleranz verschafft. Doch wer die Toleranz missbraucht, muss dann auch mit ebenso heftigen Gegenreaktionen rechnen. Ein Beispiel: Der Versuch manch Deutscher, mit Tricksereien doch ein Ferienhaus erwerben zu können, wird von den Einheimischen massiv bekämpft. Da wird das entsprechende Haus dann genau beäugt, wird den Behörden Meldung gemacht, und flugs erreicht den illegalen Besitzer die Aufforderung, sein Haus binnen sechs Monaten zu veräußern, andernfalls drohe die Enteignung.

Idylle mit Rissen

Ein Hort der Harmonie also, eine Welt voller Glück und Gerechtigkeit? Nein, das ganz sicherlich nicht. Der Urlauber, der für ein paar Wochen in seinem Ferienhaus in Løkken oder Gilleleje Entspannung sucht, wird von den Rissen in der Wohlstandsgesellschaft Dänemark nichts merken. Doch natürlich gibt es auch hier Alltagsgewalt und Kleinkriminalität. Insbesondere Kopenhagen und Århus besitzen auch problematische Wohnviertel. Der Rockerkrieg, der in ganz Europa wahrgenommen wurde, zog plötzlich auch normale Bürger in Mitleidenschaft. Und längst sind fremdenfeindliche Parteien wie die Fremdskridtsparti und die Dansk Folkeparti im Parlament vertreten. Nicht zuletzt, weil auch die Boulevardpresse teilweise eine entsprechende Stimmung schuf. In ihrer vom ganzen Volk alljährlich mit großer Aufmerksamkeit verfolgten Neujahrsansprache warnt Königin Margarethe II. immer wieder davor, nicht in Selbstzufriedenheit zu verfallen und kritische Entwicklungen zu übersehen. Durch ihre offene Art ist die Königin im Übrigen die beste Garantin für das Fortleben der Monarchie. Ein Fortleben, das die Dänen schätzen und brauchen, nicht zuletzt, weil es auch an einst bessere Zeiten erinnert.

Goldene Zeiten

Die besseren Zeiten, das waren natürlich jene der Wikinger, als diese auf Europas Meeren für Angst und Schrecken sorgten und Skandinavien ein wirkliches Machtzentrum war. Noch mehr Bedeutung im öffentlichen Bewusstsein hat mittlerweile das »Goldene Zeitalter« gewonnen, das die erste Hälfte des 19. Jahrhunderts prägte. Maler wie Eckersberg, Købke und Rørbye stellten das Land in absoluter Harmonie und Schönheit dar, alles war gut. Dieser Geist übertrug sich auf das Alltagsleben – zumindest derer, die es sich leisten konnten. Mittlerweile wird diese Zeit immer stärker verklärt, erreichen Bilder der genannten Maler Höchstpreise bei Auktionen.

Dänen und Deutsche

Was danach kam, war denn auch ein Niedergang in Etappen. Ein Niedergang, der sich an den Deutschen manifestiert. Geliebt hat man sie und gehasst. Man hat einander erobert. Immerhin waren die Dänen über Jahrhunderte hinweg nicht nur eine weltweit bedeutende Handelsmacht, sondern auch die Herrscher Skandinaviens. Dort allerdings immer im Streit mit den Schweden. Noch Mitte des vorigen Jahrhunderts erstreckte sich Dänemark bis hinunter an die Elbe. Glückstadt etwa ist eine dänische Gründung. In Schleswig-Holstein zeugen unter anderem noch Dörfer mit der Endung »-by« von dänischer Herrschaft. Mit den Napoleonischen Kriegen verlor Dänemark den Schweden gegenüber an Bedeutung. Die Auseinandersetzung mit Preußen und die Niederlage 1864 bei den Düppeler Schanzen leitete den weiteren Abstieg ein. Plötzlich reichte das Deutsche Reich bis nach Ribe hinauf.

Der Versailler Vertrag zog die neue Grenze weiter im Süden. Das Dritte Reich revidierte diese Entscheidung von 1939 bis 1945 und besetzte das Land. Der König blieb, wo er war. Man versuchte durch schlichte Nichtbeachtung mit den Besatzern auszukommen. Und organisierte den Widerstand im Kleinen. Wirksam wurden Transportverbindungen zerstört oder

Oben: Knapp zwei Millionen Tonnen Fisch fangen dänische Fischer alljährlich – und er ist überall ganz frisch zu haben.

Mitte: Kleine, in kräftigen Farben gestrichene Häuser prägen Dänemarks Städte.

Unten: Dänemark ist auch ein Eldorado für Segler. Die »ausgefransten« Konturen des Landes bilden eine reizvolle Kulisse für unvergessliche Törns.

Juden in aller Heimlichkeit nach Schweden gebracht.

Nach dem Krieg beäugte man sich voller Misstrauen. Die Wut auf die Deutschen währte lange. Offiziell einigte man sich allerdings bald auf gegenseitigen Minderheitenschutz, der zum Vorbild für ganz Europa wurde. Die Deutschen in Dänemark konnten sich ebenso akzeptiert fühlen wie die Dänen in Deutschland.

Erst mit der Wiedervereinigung kam erneut Skepsis auf. Wie können fünf Millionen Dänen sich neben 80 Millionen Deutschen behaupten? Das erste Nein zu den Maastrichter Verträgen war nicht zuletzt auch ein Misstrauen gegenüber der deutschen Führungsrolle in Europa.

MERIAN-Lesetipp

Mit **Fräulein Smillas Gespür für Schnee** von **Peter Høeg** (rororo 13599) wurde Dänemarks Literatur bei uns plötzlich wieder präsent. Ein Riesenerfolg und eine viel beachtete Verfilmung. Andere Bücher von ihm konnten diesen Erfolg leider nicht wiederholen, so zum Beispiel **Der Plan von der Abschaffung des Dunkels** (rororo 13790). Ideale Urlaubslektüre sind auch die **Krimis** von **Dan Turèll**, die teilweise auch ins Deutsche übertragen wurden (Pettersson Verlag), und **Karsten Lunds** Karibik-Krimi **Der Mond über St. Croix** (btb).

Wohin nun?

Eher unentdeckt sind Lolland und Falster, ruhige, unspektakuläre Inseln. Møn bietet da mehr, so zum Beispiel die berühmten Kreidefelsen und interessante Kirchen, doch ist die Qualität der Strände höchst unterschiedlich. Seelands Nordküste hingegen ist herrlich und bietet ein attraktives Hinterland mit Schlössern wie Kronborg in Helsingør oder Frederiksborg in Hillerød. Fünen ist ein Schmuckstück, das gerade Radler gerne aufsuchen. Odense und Faaborg, Wasserschloss Egeskov und Valdemars Schloss, die Rundkirche in Horne und das Johannes-Larsen-Museum in Kerteminde, hier besitzt jede Ecke ihre Reize. Der Osten Jütlands ist mit Randers und Horsen, Aalborg und Århus, Frederikshavn und Skagen sehr städtisch, braucht seine Strände aber auch nicht zu verstecken.

Das Landesinnere glänzt unter anderem mit der Seeplatte bei Silkeborg, den Runensteinen von Jelling und natürlich dem Legoland bei Billund. Liebling der Touristen allerdings ist die jütische Westküste. Lange, weite Strände, die tosende Nordsee, kleine Häfen. Und keine großen Brücken. Bisher.

Jeden Tag um 12 Uhr ist Wachwechsel vor dem Kopenhagener Schloss Amalienborg, in dem die königliche Familie wohnt – eine beliebte Touristenattraktion (→ S. 83).

Selbstversorger finden in Dänemark ideale Bedingungen. Das ganze Land ist von einem dichten Netz an Ferienhäusern, Landgasthöfen und Campingplätzen überzogen.

Hotels spielen für Dänemark-Urlauber keine so große Rolle wie in anderen Ländern. Stattdessen prägen Sommerhäuser, Campingplätze oder auch kleinere Pensionen die dänische Urlaubslandschaft.

Eigenheim für ein paar Wochen

Dies allein mit finanziellen Aspekten zu begründen wäre sicherlich nicht richtig. Denn längst haben auch dänische Ferienhäuser Preise erreicht, die den Normalverdiener mitunter erschaudern lassen. Da werden in der Hochsaison an der jütischen Westküste mindestens 1000 Euro pro Woche verlangt, Luxushäuser (mit Sauna, Solarium, Whirlpool, Schwimmbad) für 1750 Euro pro Woche sind keine Seltenheit.

MERIAN-Tipp

Kryb-i-ly-kro 1737 kam König Christian VI. nördlich von Kolding am Søholme Kro vorbei. Er sah einige Landarbeiter, die vom Regen überrascht wurden, und rief ihnen zu, sie sollten doch im Krug unterschlüpfen. Fortan hieß das Gasthaus Schlüpf-unter-Krug und wurde königlich privilegiert, durfte also Spiritus ausschenken. 1973 brannte es völlig nieder, konnte aber in historischem Stil wieder aufgebaut werden. Heute ist der Kryb-i-ly-Kro einer der komfortabelsten Kros mit guter Küche und einer urgemütlichen Bibliothek. Kolding Landevej 160, Taulov; Tel. 75 56 25 55, Fax 75 56 45 14; 76 Zimmer ★★ (mit Kroscheck) www.krybily.dk ■ D 6, S. 119

Erstaunlicherweise sind gerade dies sogar die beliebtesten Häuser. Einer Statistik zufolge sind normale Ferienhäuser ca. 25 Wochen im Jahr ausgebucht, Luxushäuser aber 50 Wochen. Dies liegt nun keineswegs am Reichtum der Touristen, sondern schlicht daran, dass sich Familien zusammenschließen und diese meist sehr großen Häuser gemeinsam mieten. Eines gilt denn auch für sämtliche Haustypen: Sie sind sehr früh ausgebucht. Wer sicher sein möchte, das Haus seiner Wahl zu bekommen, sollte sich möglichst elf Monate vorher entscheiden zu buchen. Ab Januar sind für den Sommer zumeist nur noch »Reste« erhältlich. Ähnliches gilt im Übrigen auch für die Zeit um Pfingsten und zum Jahreswechsel.

Das größte Angebot an Sommerhäusern bieten übrigens dänische Vermittler wie **Dan-Center** oder **Novasol**, deren Kataloge in zahlreichen hiesigen Reisebüros erhältlich sind. Daneben gibt es noch eine Vielzahl regionaler Büros, deren Adressen man entweder über das Dänische Fremdenverkehrsamt in Hamburg oder bei den regionalen Fremdenverkehrsämtern erhält.

Gut ausgestattet: Campingplätze

Auch wer längere Zeit auf nur einem der ca. 520 dänischen Campingplätze bleiben möchte, sollte sich rechtzeitig um einen Stellplatz kümmern. Wer hingegen nur mit einem kleinen Zelt von Campingplatz zu Campingplatz fährt, wird immer problemlos einen Platz bekommen. Das sehr dichte Netz an Zeltplätzen ist gerade für Radler sehr hilfreich, da man ohne große Schwierigkeiten umdisponieren kann, falls es Kondition oder Wetter nötig machen. Ein Zeltplatz ist immer in der Nähe.

Unterschieden werden die Campingplätze in fünf Kategorien (Sterne), fünf Sterne versprechen dabei den größten Luxus. Auf dem ersten Campingplatz muss man im Übrigen einen Campingpass erwerben, der pro Person umgerechnet 4 Euro, für die Familie 8 Euro kostet.

Auch für Familien geeignet: Jugendherbergen

Wer beim Stichwort **Jugendherberge** mit Grauen an seine Schulzeit zurückdenkt, wird in Dänemark eines Besseren belehrt. Die gut 100 dortigen Jugendherbergen sind zumeist modern eingerichtet, bieten Familien und zum Teil auch Pärchen eigene Zimmer, verbarrikadieren nicht um 22 Uhr die Eingänge und bieten ein hervorragendes Frühstück. Im Sommer sollten Sie allerdings möglichst frühzeitig reservieren.

Urlaub auf dem Lande

In der Kette »Dansk Kroferie« haben sich derzeit 85 Landgasthöfe zusammengeschlossen, die mittels Schecksystem vergünstigte Übernachtungen in zumeist schöner ländlicher Umgebung anbieten. Die Schecks variieren von 485 DKK für ein Einzelzimmer bis 965 DKK für vier Personen im Familienzimmer, teilweise sind noch Zuschläge zu zahlen, das Frühstück ist inbegriffen. Die ersten **kroer** – fast immer gemütliche, aber gepflegte Häuser mit viel Atmosphäre – hat es übrigens schon im 13. Jahrhundert gegeben, später wurden sie im ganzen Land alle 20 Kilometer errichtet. Heute gibt es noch ca. 450, von denen gut 100 königlich privilegiert sind.

Service
Dansk Kroferie; Vejlevej 16, 8700 Horsens; Tel. 75 64 87 00, Fax 75 64 87 20; www. dansk-kroferie.dk

Dieses einladende Schild schmückt einen der vielen dänischen Landgasthöfe, die auch Zimmer vermieten.

Hotels sind meist sehr schlicht und funktional eingerichtet, hier erwartet man keine Urlauber, sondern eher Geschäftsreisende. Und weil diese während der Sommermonate ausbleiben, senken die Hotels dann auch spürbar die Preise.

Ferienhäuser und Campingplätze haben den Vorteil, dass man die langen Sommerabende noch in freier Natur genießen kann. Einfach im Garten liegen oder noch mit Fußball, Federball oder Minigolf aktiv sein, das unterscheidet den Dänemark-Urlauber vom Mittelmeer-Touristen, der sich abends im Hotelzimmer nur schnell für das Nachtleben frisch macht. Abgesehen von Metropolen wie Kopenhagen, Odense, Århus und Aalborg, erreicht das Nachtleben in Dänemark zugegebenermaßen nur bescheidene Ausmaße.

Hotels sind in den einzelnen Orten im Kapitel »Sehenswerte Orte« beschrieben.

Alle in diesem Buch empfohlenen Unterkünfte auf einen Blick

Komforthotels für höhere Ansprüche

Odense: Grand Hotel .... S. 34
Odense: Odense Plaza .... S. 34
Stege/Møn:
Præstekilde Kro & Hotel .... S. 75
Viborg: Golf Hotel .... S. 53
Århus: Atlantic .... S. 60
Århus: Marselis .... S. 61
Aalborg: Radisson SAS
Limfjord Hotel .... S. 53
Aalborg: Scheelsminde .... S. 54
Aalborg: Slotshotellet .... S. 54

Hotels mit Flair/besondere Lage

Ebeltoft: Molskroen .... S. 45
Fåborg: Færgegården .... S. 30
Kolding: Koldingfjord .... S. 46
Korsør: Jens Baggesen .... S. 92
Løgumkloster:
Løgumkloster Refugium .... S. 69
Møns Klint: Liselund Ny Slot .. S. 75
Ribe: Dagmar .... S. 70
Ærø: Ærøhus .... S. 42

Moderne Stadthotels

Kopenhagen:
Mercure Richmond .... S. 81
Odense: City Hotel Odense .... S. 34
Århus: Kong Christian d. X ..... S. 60

Mittelklassehotels

Kopenhagen: Absalon Hotel .. S. 81
Kopenhagen: Danmark .... S. 81
Kopenhagen: Park Hotel .... S. 82
Kopenhagen: Savoy Hotel ..... S. 82
Maribo: Hvide Hus .... S. 73
Nyborg: Nyborg Strand .... S. 33
Silkeborg: Låsby Kro .... S. 49
Svendborg: Svendborg .... S. 38
Taulov: Kryb-i-ly-kro .... S. 14
Tønder: Tønderhus .... S. 71

Einfache Hotels

Hirtshals: Skaga Hotel .... S. 68
Kopenhagen:
Cab Inn Copenhagen .... S. 81
Kopenhagen:
Missionshotellet Ansgar .... S. 81
Nakskov: Skovridergaarden .. S. 73
Odense: Domir .... S. 34
Odense: Ydes Hotel .... S. 34

Preisklassen

Die Preise beziehen sich auf ein Doppelzimmer für zwei Personen inkl. Frühstück im Sommer.

★★★★ ab 1400 DKK
★★★ 1100–1400 DKK
★★ 700–1100 DKK
★ bis 700 DKK

Gilt als das älteste Hotel Dänemarks: Im Hotel Dagmar in Ribe finden Reisende mit gehobenen Ansprüchen »klassische« Unterkunft. Auch die Küche wird zu Recht sehr gelobt (→ S. 70).

HOTEL DAGMAR
HOTEL RESTAURANT
OL 35 787
73781

Fisch und Fleisch, Kaffee und Bier prägen die dänische Küche. Weltberühmt ist das Smørrebrød, heiß geliebt das Wienerbrød. Und über allem thronen die Pølser.

Gemütliche, »hyggelige« Lokale wie hier auf Fünen findet man im ganzen Land.

Der Schriftsteller Siegfried Lenz hat in einer Erzählung einmal sehr treffend beschrieben, wie er als Gast am dänischen Kaffeedurst gelitten hat. Spät war es, längst wollte er ins Bett, und immer wieder und ungefragt gossen seine Gastgeber Kaffee nach. Nicht ohne die Aufforderung, doch beim nächtlichen Kuchenessen ordentlich zuzulangen. Und das nach einem opulenten Abendbrot.

Smørrebrød, frokost und middag

Die Dänen essen gerne, reichlich und gut. Begonnen wird morgens mit dem **morgenmad**, dem Frühstück, das sich nicht von dem uns bekannten unterscheidet. Gegen Mittag dann vielleicht schon der Höhepunkt des Tages, das **smørrebrød**. Eine dünne Scheibe Brot, darauf ein großes Salatblatt und darauf vielleicht Lachs oder Krabben, Pastete oder Roastbeef oder irgend etwas anderes, darauf entsprechend noch Zwiebeln, Sahne oder Preiselbeeren, vielleicht auch alles und noch viel mehr zusammen. Der Fantasie sind keinerlei Grenzen gesetzt.

Entstanden sind diese Brote vor gut 100 Jahren als Grundlage für das vormittägliche Bier im Kopenhagener Lokal von Oscar Davidsen. Wer heute die volle Pracht des in der ganzen Welt berühmten smørrebrøds genießen will, sollte zu seinen Ursprüngen zurückkehren: in das Restaurant Ida Davidsen in Kopenhagen (→ S. 85).

Gab es mittags **frokost**, gibt es abends **middag**. Fleisch prägt die dänische Küche sehr stark, jahrelang dominierte das Schweinefleisch, heute findet Lammfleisch immer stärkeres Interesse. Ständige Beigabe zum Essen ist dabei die braune Soße, die sich über Gemüse und Fleisch gleichermaßen in großen Mengen ergießt.

Und immer und überall gibt es selbstverständlich Fisch. Aber wo sonst sollte man ihn auch so frisch und günstig bekommen? In kleineren Hafenstädten kann man mitunter direkt zum Kutter gehen und den Fisch von Bord kaufen.

Essengehen ist in Dänemark nicht gerade billig. Dabei sind die Essenspreise mitunter noch ganz verträglich, doch durch die hohe Besteuerung des Alkohols summiert sich die Rechnung manchmal zu recht stolzen Höhen. Eine Alternative sind die Restaurants der Kaufhäuser, wo man eine schnelle und dennoch gute Küche zu moderaten Preisen genießen kann. Achten Sie insbesondere auf das Tagesgericht, **dagens ret**. Zum günstigen Festpreis servieren viele **kroer** auch das »Dan Menu«, das eine dreigängige Mahlzeit samt Getränk beinhaltet.

Legendär: die Würstchenbude

Für den kleinen Hunger zwischendurch gibt es nur eine Alternative: die Würstchenbude, **pølsevogn** genannt. Sie finden den Pølserwagen in aller Regel an strategisch wichtigen Plätzen, also am Hafen, in Rathausnähe, am Markt etc. Dort können Sie zwischen Würstchenzubereitungen verschiedenster Art wählen. Ob nun ein roter **pølser** oder der uns farblich vertrautere **Hot dog**, gebraten oder gekocht, mit rohen oder gerösteten Zwiebeln, mit oder ohne Gurken, ob mit Remoulade, Ketchup und Senf oder oder oder, für jeden Geschmack ist ein pølser dabei. Als Huldigung an die Neuzeit gibt es dort mittlerweile auch Hamburger, in der dänischen Variante **dansk bøf** genannt. 4

Hamburgerryg hingegen ist gekochtes Kassler, zu dem verschiedene Gemüse und Salzkartoffeln serviert werden. Andere landestypische Gerichte sind unter anderem Fischfrikadellen, gebratene Scholle (mit Krabben gefüllt), gekochter Dorsch mit harten Eiern und Salzkartoffeln, **ribbensteg** (Bauchstück mit Schwarte) mit Rotkohl und Kartoffeln, **biksemad** (eine Art Resteessen aus Kartoffeln und Fleisch), der Apfelkuchen aus Äpfeln, Paniermehl und Makronen sowie die berühmte Rote Grütze mit Sahne, deren dänische Bezeichnung gerne als Zungenbrecher an Besuchern ausprobiert wird: **rødgrød med fløde**.

Wer es überhaupt süßer mag, betrete eine **bageri**. Dort erwarten einen weniger die großen Obst- und Sahnetorten als vielmehr viele kleine, unendlich süße, leckere Teilchen. Oder aber das berühmte Blätterteiggebäck **wienerbrød**.

Picknick ist eine Leidenschaft der Dänen. Machen Sie es ebenso – Brot, Käse, Hering, Lachs, Frikadellen und Getränke in den Picknickkorb oder die Kühltasche packen und dann ab auf die nächste Wiese oder an einen der vielen Strände.

Getränke

Und was wird getrunken? Drei Getränke braucht der Däne: Kaffee, Bier und Aquavit. In kaum einem anderen Land wird so viel Kaffee getrunken wie in dem kleinen Königreich. Trotz des vergleichsweise hohen Preises ist das ausgezeichnete dänische Bier sozusagen das Nationalgetränk des Landes. Wenn Sie einfach ein »øl« (ausgesprochen »öll«) bestellen, kommt meist ein Bier vom Fass. »Letøl« ist ein Leichtbier mit weniger Alkohol, ein »Elephant« hingegen ist mit 7,2 Prozent ein veritables Starkbier. Besonders bekömmlich zu Hering, Käse oder den doch recht fetten Lunchbuffets ist Aquavit, der Kartoffelschnaps mit Kümmelgeschmack.

Restaurants sind in den einzelnen Orten im Kapitel »Sehenswerte Orte« beschrieben.

Preisklassen

Die Preise beziehen sich auf ein Hauptgericht ohne Getränke und Trinkgeld.
★★★★ über 250 DKK
★★★ bis 250 DKK
★★ bis 150 DKK
★ bis 80 DKK

MERIAN-Tipp

Fakkelgaarden Dieses Feinschmecker-Restaurant befindet sich zwischen Flensburg und Sønderborg in dem wenige Kilometer hinter der Grenze liegenden Ort Kollund. Hier erwartet Sie dänisch-französische Küche vom Feinsten. Chefkoch Christian Bind lernte bei den legendären Brüdern Haeberlin im Elsass. Die Speisekarte wird bewusst klein gehalten, um die 1A-Qualität wahren zu können. Neben den tollen Fisch-Kreationen sind auch die Wildgerichte zu empfehlen. Dem Restaurant angeschlossen ist ein Hotel (★★).
Fjordvejen 44, Kollund; Tel. 74 67 83 00 ★★★ ■ C 8, S. 118

Wichtige Redewendungen im Restaurant → S. 115

A
aborre: Barsch
agerhøne: Rebhuhn
agurk: Gurke
and: Ente
appelsin: Apfelsine
asparges: Spargel

B
bede: Hammel
biksemad: Bauernfrühstück
birkes: Mohnbrötchen
bitter: Magenbitter
blomkål: Blumenkohl
blomme: Pflaume
blæksprutte: Tintenfisch
blåmuslinger: Miesmuscheln
brød: Brot
bøf: Beefsteak

C/D
cacaomælk: Trinkschokolade
dagens ret: Tagesgericht
dansk vand: Mineralwasser
due: Taube

E/F
eddike: Essig
engelsk bøf: Rumpsteak
fedt: Schmalz
fersken: Pfirsich
fisk: Fisch
fjærkræ: Geflügel
flæskesteg: Schweinebraten
fløde: Sahne
forret: Vorspeise
franskbrød: Weißbrot
frikadeller: Frikadellen
frisk frugt: frisches Obst
frokost: Mittagessen
frugt: Obst
fuldkornbrød: Vollkornbrot
fyldt: gefüllt

G
gammel dansk: Magenbitter
gedde: Hecht
grønsager: Gemüse
grøn peberfrugt: grüner Paprika
gulerod: Möhre, Wurzel
gule ærter: Erbsensuppe
gåsebryst: Gänsebrust

H
hakket kød: Hackfleisch
hamburgerryg: Kassler
hare: Hase
havørred: Meerforelle
hellelfisk: Heilbutt
hindbær: Himbeere
honning: Honig
hornfisk: Hornhecht
hovedret: Hauptgericht
hvidløg: Knoblauch
hvidkål: Weißkohl
hvid vin: Weißwein
hvid øl: Malzbier
hønsebouillon: Hühnerbrühe

I/J
is: Eis
jordbær: Erdbeere

K
kaffe: Kaffee
kage: Kuchen
kalkun: Truthahn
kalvekød: Kalbfleisch
kanel: Zimt
kanelstang: Zimtkuchen
kantarel: Pfifferling
karpe: Karpfen
karry: Curry
kartoffler: Kartoffeln
kirsebær: Kirsche
klipfisk: Stockfisch
kogt: gekocht
kommen: Kümmel
kongeål: Seeaal
krydderier: Kräuter
kylling: Hähnchen
kærnemælk: Buttermilch
kød: Fleisch

L
laks: Lachs
lammekød: Lammfleisch
letmælk: fettarme Milch
letøl: Leichtbier

lever: Leber
leverpostej: Leberpastete
løg: Zwiebel

M/N
mad: Essen
makrel: Makrele
middag: Abendessen
mineralvand: Mineralwasser
morgenmad: Frühstück
mælk: Milch
musling: Muschel
mørbrad: Schweinefilet
mørbradbøf: Schweinefiletsteak
nudler: Nudeln

O
oksekød: Rindfleisch
olie: Öl
ost: Käse
othellobolle: Mohrenkopf

P/Q
pandekager: Pfannkuchen
peber: Pfeffer
peberfrugt: Paprika
peberrod: Meerrettich
piskefløde: Kaffeesahne
purløg: Schnittlauch
pære: Birne
pølser: Würstchen
pålæg: Aufschnitt

R
rå: roh
regnbueørred: Regenbogenforelle
rejer: Krabben
ris: Reis
ristet: gebraten
rosenkål: Rosenkohl
rugbrød: Roggenbrot
rundstykke: Brötchen
rødbeder: Rote Beete
rødfisk: Rotbarsch
rødkål: Rotkohl
rødspætte: Scholle
rødtunge: Rotzunge
rødvin: Rotwein
røget: geräuchert
røræg: Rührei
rådyr: Reh

S
salt: Salz
sandart: Zander
sej: Seelachs
sennep: Senf
sild: Hering
skalle: Rotauge
skinke: Schinken
skubbe: Flunder
skummetmælk: entrahmte Milch
slik: Süßigkeiten
smør: Butter
smørrebrød: belegtes Butterbrot
solbær: Johannisbeere
spegepølse: Salami
sprængt: gepökelt
steg: Braten
stegt: gebraten
stenbider: Steinbeißer
sukker: Zucker
sur: sauer
svampe: Pilze
svinekød: Schweinefleisch
sød: süß
sødmælk: normale Milch
søtunge: Seezunge

T/U/V
tarteletter: Törtchen
te: Tee
torsk: Dorsch
tykmælk: Dickmilch
tyttebær: Preiselbeeren
vand: Wasser
vin: Wein

W/Y/Z
wienerbrød: Kopenhagener (Blätterteigkuchen)
Yogurth: Joghurt

Æ/Ø/Å
æble: Apfel
æblekage: Apfeldessert
æg: Eier
æggeblomme: Eigelb
ærter: Erbsen
øl: Bier
ørred: Forelle
østers: Austern
ål: Aal

Weißstrandige Meeresküsten

und vorgeschichtliche Stätten, prachtvolle Schlösser und malerische Dörfer – Dänemark ist viel mehr als nur die »Brücke zu Nordeuropa«.

Ærø wird gerne als »Perle des südfünischen Inselmeers« bezeichnet. Ihr Hauptort Ærøskøbing zählt zu den schönsten Städten Dänemarks (→ S. 40).

Schöne Orte, tolle Strände: Die Insel Falster teilt das Schicksal der Nachbarinsel Lolland. Beide sind vom Tourismus noch weitgehend unbeachtet. Ein Platz für ruhige Ferien.

Falster

50 000 Einwohner

Jahrelang gab es hier an der Südspitze, in **Gedser**, eine Fährverbindung nach Travemünde. Als man diese einstellte, wurde es still um Gedser. Seit der deutschen Wiedervereinigung erlebt der Ort nun durch die Fährverbindung nach Warnemünde eine neue Blüte und konkurriert mit der von Puttgarden nach Rødby (Lolland).

Herrliche Sandstrände ziehen sich an Falsters Ostküste hinauf. Ferienhäuser stehen dicht an dicht zwischen Gedser und Sr. Ørslev. **Marielyst** ist Mittelpunkt dieser beliebten Ferienregion. **Halsskov Vænge**, weiter nördlich an der Ostküste gelegen, ist für historisch Interessierte spannend. Hier finden sich viele Bautasteine und Hügelgräber. Rund um Hesnæs lassen sich verträumte Dörfer mit eigenwilliger Bebauung entdecken.

Mittelpunkt der Insel ist aber das schöne Städtchen **Nykøbing**, dessen Wirtschaftsleben unübersehbar von der Zuckerfabrik geprägt wird.

Nykøbing F.

■ C 12, S. 120

25 000 Einwohner

Im 13. Jh. erstmals urkundlich erwähnt, ist Nykøbing heute ein für diesen Teil Dänemarks bedeutendes Industriezentrum. Ein Besuch ist dennoch lohnenswert: Die Hauptstadt der Insel besticht durch sehr gut erhaltene Häuser aus dem 16. bis 18. Jh. und eine äußerst lebendige, lang gezogene Fußgängerzone. Besondere Beachtung verdient hier der historische Kaufmannsladen (»Den gamle Købmandshandel«) in der Langgade 9. Der Zusatz »F« soll die Verwechslung mit den Nykøbings in Jütland und auf Seeland vermeiden.

Sehenswertes

Middelaldercentret

Dieses eindrucksvolle Zentrum zeigt die Lebensbedingungen des Mittelalters auf. Da gibt es zahlreiche historische Werkstätten, in denen nach wie vor gearbeitet wird, man kann beim Hausbau mitanpacken und dabei spüren, wie schwer die Steine und wie mühsam das Bauen damals war. Man darf mit Pfeil und Bogen sowie der Armbrust schießen, Kinder können sich zum Ritter ausbilden lassen. Es gibt täglich Führungen. Höhepunkt eines Tages ist aber die Demonstration des Katapults, das die Kanonenkugeln in weitem Bogen in den Sund feuert (um 12 und 14 Uhr).
Hamborgskoven 2, Sundby L.;
Mai–Sept. Di–So 10–16 Uhr;
Eintritt 35, Kinder 15 DKK

Nykøbing Falster Kirche

Von dem 1419 angelegten Franziskanerkloster sind nur Kirche und Westflügel erhalten geblieben. Absolutes Schmuckstück ist die Ahnentafel, die 1622 bis 1626 auf Veranlassung von Königin Sofie gestaltet wurde. Im Kräutergarten bei der Kirche gedeihen rund 300 verschiedene Heilkräuter, darunter auch das »Hexenkraut« Alraune.

Wasserturm
Der Turm, nahe der Fußgängerzone platziert, wurde 1908 gebaut. Aus seinen 32 m Höhe bietet sich bei gutem Wetter ein hervorragender Blick über Nykøbing und Falster.
Hollands Gård; Eintritt 10, Kinder 5 DKK

Essen und Trinken

Czarens Hus
Welch historische Stätte! Am 15. Juli 1716 stand plötzlich der russische Zar Peter der Große in der Tür. Heute können Sie statt seiner hier speisen. Ein gemütliches Interieur, Spezialitäten des Hauses sind neben Fisch Geflügelgerichte wie etwa die »Hühnerbrust Rossini«. Nebenan gibt es ein kleines Heimatmuseum.
Langgade 2; Tel. 54 85 28 29;
tgl. 11.30–23 Uhr ★★

Stubbekøbing ■ C 12, S. 120

6800 Einwohner

Ein verträumter kleiner Ort, der vor der Errichtung der nahen Farø-Brücke als Fährhafen Richtung Møn sehr viel belebter war. Eine »Nostalgiefähre« befördert Romantiker noch heute über den Grønsund. Sehenswerte Häuser finden Sie vor allem in der Vestergade. Aus dem Jahre 1200 stammt die dreischiffige Kirche mit ihrem gezackten Turm; 1618 entstand die Altarwand, 1634 die kunstvoll geschnitzte Kanzel.

Museen

Radio- und Motorradmuseum
Peter L. Jensen, hier geboren, erfand 1915 den dynamischen Lautsprecher, was in Dänemark zunächst niemanden beeindruckte, in Amerika aber umso mehr. Als Reminiszenz gibt es dieses wunderbare Museum mit alten Radios, aber auch mit ca. 120 wirklich sehenswerten historischen Motorrädern, allesamt vom jetzigen Besitzer des Museums persönlich restauriert.
Nykøbingvej 54; Juni–Aug. tgl. 10–17 Uhr; Eintritt 20, Kinder 10 DKK

Flottes Veteranentreffen: hervorragend restaurierte historische Zweiräder im Motorradmuseum in Stubbekøbing.

»Garten Dänemarks«: So bezeichnete Hans Christian Andersen seine Heimatinsel Fünen. Bei der Reise über die Insel sieht man noch heute, wie recht er doch hatte.

Fünen und südfünische Inseln

470 000 Einwohner

Wollte man Fünens Vorzüge predigen, wo sollte man beginnen? Vielleicht bei der Metropole **Odense**, einer pulsierenden Stadt voller Charme und Gemütlichkeit? Oder bei den schönen Stränden im Norden? Bei der reizvollen Küste am Kleinen Belt im Westen? Beim verträumten Hafenort **Fåborg** im Süden? Bei **Svendborg** oder **Nyborg**, den lebendigen Unterzentren im Osten? Oder gleich bei Europas schönstem Wasserschloss, **Egeskov**? Oder bei all den anderen Schlössern, die man allerdings meist nur von außen sehen darf? Vielleicht bei der Rundkirche in **Horne**? Oder vielleicht einfach nur bei der abwechslungsreichen Landschaft, die mit den »Fünischen Alpen« nordwestlich von Fåborg dem Radler so einiges abverlangt?

Fünen bietet tatsächlich das gesamte dänische Spektrum, von der Großstadt bis zum kleinen Dorf, von unendlicher Weite bis zu langen Steigungen, vom Hafenidyll bis zu faszinierenden Museen.

Und wer sich dann noch in die südfünische Inselwelt wagt, kann mit der Insel **Ærø** einen wahren Schatz heben. Kaum ein anderer Ort vermag in diesem Land so zu faszinieren wie **Ærøskøbing** mit seinen mittelalterlichen Gassen und den Rosenstöcken an den Hauseingängen, die zu richtigen »Puppenstuben« führen. **Langeland** ist sicherlich nicht ganz so spektakulär, ist ruhiger, deswegen aber bestimmt nicht weniger reizvoll.

Einzigartig in doppelter Hinsicht: Die im 12. Jh. errichtete Rundkirche von Horne ist das einzige Gotteshaus auf Fünen. Ihr Schiff stammt aus romanischer Zeit, Chor und Turm aus dem späten 15. Jh. (→ S. 30).

Assens

■ D 7, S. 119

10 000 Einwohner

Die Stadt liegt sehr schön am Kleinen Belt und hat sich abseits der Hauptverkehrsströme ihr idyllisches Bild weitgehend erhalten können. In den Straßen rund um die zum Hafen führende Østergade werden typisch dänische, farbenfrohe und wohlgepflegte Fachwerkgebäude sichtbar. Stärker als in anderen Städten fallen hier die zahlreichen Innenhöfe auf.

Unten am Hafen wacht weiterhin Peter Willemoes, der im 18. und 19. Jh. als Seeheld Furore machte.

Museen

Willemoesgaardens Mindestuer
Das Heimatmuseum, eingerichtet im Geburtshaus von Peter Willemoes, lohnt vor allem wegen der ausgezeichneten Malereisammlung den Besuch. Zu sehen sind ältere Bilder von Künstlern aus der Umgebung, die längst schon ihren Platz in der Kunstgeschichte gefunden haben.
Østergade 36; Mai Sa, So 10.30–12, 14–17, Juni–Aug. Di–So 10–12, 14–17 Uhr; Eintritt 15, Kinder 5 DKK

Bogense

■ E 6, S. 119

6000 Einwohner

Der Marktplatz der nordfünischen Stadt ist ein wirkliches Kleinod. Zierliche, gut gepflegte Häuser aus dem 19. Jh. säumen den Platz, und auch in den Seitenstraßen lässt es sich in aller Ruhe schlendern. Am Ende der Adelgade steht übrigens eine Kopie des Brüsseler Manneken Pis, die Konsul William Føns 1934 der Stadt schenkte, in der er als Findelkind aufgewachsen war. Bei der Touristeninformation können Sie für 25 DKK die Spezialität der Stadt erwerben – Hybenvin (Hagebuttenwein). Den schönsten Strand finden Sie weiter westlich mit Skåstrup Strand.

Einkaufen

Kunstgården M
Südwestlich in Skovby gelegen (Straße 317). Bilder, Keramik und andere Handwerkskunst werden hier ausgestellt. Im Gegensatz zu vielen ähnlichen Einrichtungen lohnt sich der Besuch, selbst wenn man nichts kauft, sondern im Café nur den hausgemachten Kuchen isst.
Ømosevej 11, Skovby; Ende März–Weihnachten Di–So 10–18 Uhr; Eintritt 5 DKK

Fåborg

E 7, S. 119

17 000 Einwohner

Fåborg ist ein wunderschön gelegener Küstenort im Südwesten der Insel. Fischer- und Segelboote prägen den malerischen Hafenteil. Äußerst sehenswert ist auch die Bebauung rings um die Kirche, deren Glockenturm schon von weither sichtbar ist, sowie der Ymer-Brunnen auf dem Marktplatz. Besonders reizvoll ist die kleine, vom Hafen zur Innenstadt führende Holkegade.

Hotels/andere Unterkünfte

Færgegården M
In unmittelbarer Nähe der Kirche gelegen. Schöne Zimmer, teilweise mit Blick auf das Meer. Zum Hotel gehört auch ein gutes Restaurant.
Christian IX's vej 31; Tel. 62 61 11 15, Fax 62 61 11 95; 16 Zimmer ★★

Museen

Faaborg Arrest
Vermutlich das originellste Museum der Umgebung, wenngleich mit traurigem Hintergrund. Endlich können auch Sie einmal ein Gefängnis von innen sehen, die kleinen Zellen bedrücken auch heute noch in ihrer Trostlosigkeit.
Torvet; Mitte Mai–Mitte Sept. 10–17 Uhr; Eintritt 20 DKK, Kinder frei

Fåborg Museum
Wer sich für die fünische Malerei interessiert, die um 1900 ihre Blüte erlebte, darf dieses Museum nicht verpassen. Künstlern wie Johannes Larsen, Kai Nielsen oder Fritz Syberg ist hier ein gebührender Platz eingeräumt worden.
Grønnegade 75; Juni–Aug. tgl. 10–17, April, Mai, Sept., Okt. 10–16, Nov.–März 11–15 Uhr; Eintritt 25 DKK, Kinder frei

Horne

E 7, S. 119

4000 Einwohner

Horne wäre als Ort weiter nicht erwähnenswert, wenn hier nicht eine der sieben dänischen Rundkirchen stehen würde.

Sehenswertes

Rundkirche
Anders als etwa bei den Bornholmer Rundkirchen steht hier die Rundkirche nicht allein, sondern bildet das Mittelschiff der gesamten Kirche. Der Rundbau wurde im 12. Jh. aus Felsblöcken errichtet, die Mauern sind über 2 m dick. Auch hier wurde, wie bei den anderen Rundkirchen, nur der untere Raum als Kirche genutzt, während das obere Stockwerk Verteidigungszwecken diente, was die Schießscharten bezeugen. Die weiteren Teile der Kirche wurden im 15. und 16. Jh. errichtet. Beachtenswert ist das von Thorvaldsen geschaffene Taufbecken.
Mitte Mai–Mitte Sept. tgl. 8–20, sonst Di–Fr 9–13 Uhr

Kerteminde

F 6, S. 119

10 000 Einwohner

Ein äußerst gemütlicher Ort mit schöner Bebauung und Fünens größtem Yachthafen. Bevor Odense einen Kanal erhielt, fungierte Kerteminde zugleich als Hafen für Fünens Metro-

Oben: Das Grand Hotel ist eines der traditionsreichsten Häuser in Odense. Auch Feinschmecker kommen hier auf ihre Kosten (→ S. 34).

Mitte: Schloss Tranekær, einst Wohnsitz zahlreicher Könige, kann man leider nur von außen bewundern (→ S. 33).

Unten: Museen und Galerien, Läden und Cafés – Brandts Klædefabrik hat sich vom Industriekoloss zum beliebten Treffpunkt entwickelt (→ S. 36).

pole. Neben dem Hafen lohnt unbedingt der Besuch des Marktplatzes mit seinen idyllischen kleinen Häusern. Nördlich des Hafens erstreckt sich ein sehr guter Strand.

Sehenswertes

Fjord- & Bæltcentret
Ganz neu und wahrlich faszinierend ist dieses Museum, das einen Einblick in die Flora und Fauna der Ostsee vermittelt. Absoluter Clou ist dabei der Unterwassertunnel, der den Besucher unter die See führt.
Margrethes Plads 1; Juli–20. Aug. tgl. 10–18, 21. 8.–Nov., Feb.–Juni Mo–Fr 10–16, Sa, So 10–17, Juli tgl. 9–19 Uhr; Eintritt 60, Kinder 35 DKK;
Internet: www.fjord-baelt.dk

Johannes Larsen Museet
Der Maler Johannes Larsen (1867–1961), einer der wichtigsten dänischen Maler dieses Jahrhunderts, wohnte hier. Zu sehen sind seine Werke und seine private Gemäldesammlung. Sein Werk wird vor allem durch Landschafts- und Vogelmalerei geprägt, auch seine Holzschnitte genießen Anerkennung.
Møllebakken; März–Mai, Sept., Okt. Di–So 10–16, Juni–Aug. tgl. 10–17, Nov.–Feb. Mi, Sa, So 11–16 Uhr; Eintritt 40 DKK, Kinder frei

Ladby Schiff
Nur 5 km südwestlich von Kerteminde fand man 1935 das Grab eines Wikingerhäuptlings. Er wurde hier um ca. 950 in seinem Schiff bestattet. Das Schiff ist verrottet, das Skelett geraubt, doch blieben Grabbeigaben wie Schmuck, Kleider und die Skelette von Hunden und Pferden erhalten. Dänemarks einziges Schiffsgrab bedarf erneut einer Restaurierung.
Vikingevej 123; Juni–Aug. tgl. 10–17, Nov.–Feb. Mi–So 11–15, März–Mai, Sept.–Okt. Di–So 10–16 Uhr; Eintritt 20 DKK

Essen und Trinken

Restaurant Rudolf Mathis M M
Unmittelbar am Hafen gelegen.
In diesem sehr geschmackvoll eingerichteten Restaurant dreht sich alles um Fisch, der hier meisterhaft zubereitet und serviert wird. Je nach Fang ändert sich die Karte tagtäglich. Das dreigängige Menü kostet 395 DKK.
Dosseringen 13; Tel. 65 32 32 33; Di–So 12–13.45, 18–21.30 Uhr ★★★

Langeland

F 7–8, S. 119

16 000 Einwohner

Selten nur war ein Name treffender als dieser. Lang zieht sich die Insel zwischen Fünen und Lolland hin, von Nord nach Süd sind es ungefähr 55 km.

Klassische Sehenswürdigkeiten sind hier allerdings nur spärlich zu entdecken, die Landschaft macht den Reiz der Insel aus. Campingplätze, Ferienhausgebiete, beschauliche Dörfer und für Radler so manche nicht enden wollende Steigung hält Langeland bereit. Sowohl der Abschnitt zwischen Bagenkop und Ristinge im Süden sowie der zwischen Lohals und Hov im Norden sind wunderbare Urlaubsgebiete mit relativ guten Stränden. Gleiches lässt sich für das Gebiet rund um Spodsbjerg sagen. Mittelpunkt der Insel aber ist ohne Zweifel Rudkøbing. Der Hafen ist sicherlich nicht so verträumt, wie man es anderswo sieht. Allerdings sollten Sie ruhig einen Blick auf die historischen Kutter werfen, die hier liegen.

Reizvoll sind die Fußgängerzone und ihre Fortsetzung zum Hafen hin (Brogade/Østergade), wo Sie überall kleine, feine Fachwerkhäuser sehen.

Zugleich ist Langeland auch Schnittpunkt verschiedener Fährverbindungen nach Lolland, Ærø und Strynø.

Sehenswertes

Tranekær Slot ■ C 4
Wirklich imponierend erhebt sich das Schloss an der Straße Richtung Lohals. Für die Öffentlichkeit ist es leider geschlossen, das gegenüber platzierte Museum stellt allerdings Geschichte und Innenräume des teilweise ins 13. Jh. zurück datierbaren Gebäudes dar. Um das Museum herum ist ein ökologischer Versuchsgarten angelegt worden. Um die Einheit mit der Natur geht es auch bei Tickon, dem hier angesiedelten Zentrum für Kunst und Natur, das beide in Harmonie miteinander bringen möchte.
Museum 15. Mai–Sept. Mo–Fr 10–17, So 13–17 Uhr; Eintritt 20 DKK, Kinder frei

Museen

Den Gamle Apotek
Die alte Apotheke der Familie Ørsted mitsamt Inventar und historischer Medikamente ist wirklich sehenswert. Der Ørsted-Sohn Hans Christian ist der Entdecker des Elektromagnetismus.
Brogade 15; 15. Juni–Aug. Mo–Fr 11–16 Uhr; Eintritt 10 DKK, Kinder frei

Langelands Museum
Das Inselmuseum widmet sich insbesondere der Frühgeschichte und kann mit außerordentlichen archäologischen Funden und einer Schifffahrtsausstellung aufwarten.
Jens Winthersvej 12; Mo–Do, So 10–16, Fr 10–13, Sa 14–16, Sept.–Mai Sa geschl., So 12–16 Uhr; Eintritt 15 DKK, Kinder frei

Essen und Trinken

Tingstet's Café
Eine originelle Mischung aus Café und Flohmarkt, zuweilen mit Livemusik garniert, auf einem Innenhof inmitten der Innenstadt von Rudkøbing.
Østergade 16; Tel. 62 51 22 44 ★

Nyborg ■ F 6, S. 119

18 000 Einwohner

Leider wird Nyborg oft nur als Transitstation zwischen Fünen und Seeland unterschätzt. Dabei lohnt ein Stopp in Nyborg, vom 13. bis 15. Jh. gar Dänemarks Hauptstadt, und seiner betriebsamen City.

Hotels/andere Unterkünfte

Nyborg Strand
Sehr schön nördlich des Hafens mit Blick auf das Wasser gelegen. Schlichte, geschmackvoll eingerichtete Zimmer. Behindertenfreundlich.
Østerøvej 2; Tel. 65 31 31 31, Fax 65 31 37 01; Internet: www.nyborgstrand.dk; 240 Zimmer ★★

Sehenswertes

Danmarks Færgemuseum
»Kong Frederik IX« erinnert noch an die gute alte Fährzeit. Man kann das Schiff von oben bis unten inspizieren.
Strandvejen; Mai, Sept. tgl. 12–16, Juni–Aug. tgl. 10–17 Uhr; Eintritt 35, Kinder 20 DKK

Holckenhavn Slot
Südlich der Stadt an der Straße Richtung Svendborg gelegen. Das Schloss, im 15. Jh. gebaut, ist leider nicht zugänglich, immerhin aber der sehr schöne Park.
Di, Sa 10–17 Uhr

Nyborg Slot
Um 1170 entstand hier eine mächtige Festung. Leider lässt sich dies heute nur noch mittels eines im übrig gebliebenen Rittersaal aufgebauten Modells nachvollziehen. Erhalten sind nämlich nur noch ein Flügel und ein Turm, der Rest wurde zum Teil als Steinbruch missbraucht.
März–Mai, Sept.–Okt. Di–So 10–15, Juni–Aug. tgl. 10–17 Uhr; Eintritt 20 (zzgl. Museum 40), Kinder 10 DKK

Storebæltsbroen
Die Brückenverbindung über den Großen Belt ist das monumentalste Bauwerk Dänemarks. Aus einer einst einstündigen Fährfahrt wird so eine Auto- oder Zugfahrt von nur wenigen Minuten. Unterschieden wird dabei in den Ost- und den Westteil der Überquerung. Die 6,8 km lange Ostbrücke wird nur von Autos benutzt, während der Zug durch einen 8 km langen Tunnel rauscht. Ab der kleinen Insel Sprogø benutzen dann beide Verkehrsmittel die 6,6 km lange Westbrücke.

Odense ■ E 6, S. 119

180 000 Einwohner
Stadtplan → S. 35

Odense wird immer wieder mit seinem großen Sohn, dem Märchendichter Hans Christian Andersen, verbunden. Doch Fünens Hauptstadt auf ihn zu beschränken wird der Stadt nicht gerecht. Odense gehört ohne Zweifel zu den Städten, die man fortwährend besuchen kann und in denen man immer wieder neue, überraschende Facetten entdeckt.

Die Fußgängerzone etwa strahlt eine ungeheure Lebendigkeit aus. Viele kleine Boutiquen reihen sich aneinander. Von hier gelangt man auch zu **Brandts Klædefabrik**, einem ehemaligen Fabrikgebäude, welches heute verschiedene Museen, Kinos, Cafés und eine Kunstbuchhandlung beherbergt. Auf dem Platz davor gibt es im Sommer Livemusik.

Natürlich strömen die Massen zum **H. C. Andersen Museum**. Doch auch hierzu besitzt Odense Alternativen. Das Museum für den Komponisten **Carl Nielsen** etwa. Oder das imponierende **Eisenbahnmuseum** unmittelbar hinter dem Bahnhof. Und wer lieber draußen sein mag, dem stehen Orte wie das Freilichtmuseum »Den fynske Landsby«, der Zoo oder einfach das Ufer der Odense Å zur Verfügung.

Hotels/andere Unterkünfte

City Hotel Odense ■ c 2
Modernes, komfortabel eingerichtetes Hotel in unmittelbarer Stadtnähe. Hervorzuheben ist die Dachterrasse.
Hans Mules Gade 5; Tel. 66 12 12 58, Fax 66 12 93 64; Internet: www.city-hotel-odense.dk; 43 Zimmer ★★

Domir ■ a 2
Zentral und ruhig gelegen. Helle und farbenfrohe Räume, gemütliche Bar.
Hans Tausens Gade 19; Tel. 66 12 14 27, Fax 66 12 17 82; 38 Zimmer ★

Grand Hotel ■ b 3
Tradition wird in diesem Hotel, das am Rande der Fußgängerzone liegt, Groß geschrieben. Die Zimmer bieten eine gelungene Mischung aus Tradition und Moderne. Gute Küche.
Jernbanegade 18; Tel. 66 11 71 71, Fax 66 14 11 71; Internet: www.first-hotels.com; 138 Zimmer ★★★

Odense Plaza ■ a 2
Gegenüber dem Bahnhof an der Ringstraße gelegen, deshalb unbedingt Zimmer nach hinten buchen. Die Zimmer sind konservativ gehalten, der Service äußerst freundlich.
Østre Stationsvej 24; Tel. 66 11 77 45, Fax 66 14 41 45; Internet: www.odense-plaza.dk; 68 Zimmer ★★★

Ydes Hotel ■ a 2
Traditionsreiches, vor ein paar Jahren geschmackvoll renoviertes Hotel im Zentrum. Die Zimmer sind einfach und funktional eingerichtet.
Hans Tausens Gade 11; Tel. 66 12 11 31, Fax 66 12 17 82; 28 Zimmer ★

Spaziergang

Sie starten am Rathaus, in dem auch das Touristenbüro untergebracht ist. Von hier geht es ein Stück in die Fußgängerzone hinein, dann rechts in die **Jernbanegade.** Je nach Lust und

Laune können Sie bald schon **Fyns Kunstmuseum** einen Besuch abstatten. Ansonsten gehen Sie geradeaus weiter durch die Grünanlage (Kongens Have) Richtung Bahnhof. Am Bahnhof und Post rechts vorbei kommen Sie zum **Jernbanemuseum** (Eisenbahnmuseum).

Nachdem Sie dieses besucht haben, geht es zurück zum Østre Stationsvej. Über die Nørregade hinüber in die Hans Mules Gade. Dort bietet sich das **Carl Nielsen Museum** für einen Besuch an. Anschließend gehen Sie über den kleinen Platz (Sortebrødre Torv) in das Gässchen Ramsherred hinein, Sie kommen so unweigerlich zum **H. C. Andersen Museum.**

Vom Museum des berühmten Märchendichters links über Hans Jensens Stræde und Fiske Torvet wieder zum Rathaus. Hinter dem Rathaus erhebt sich die **Skt. Knuds Kirke.** Hinter ihr

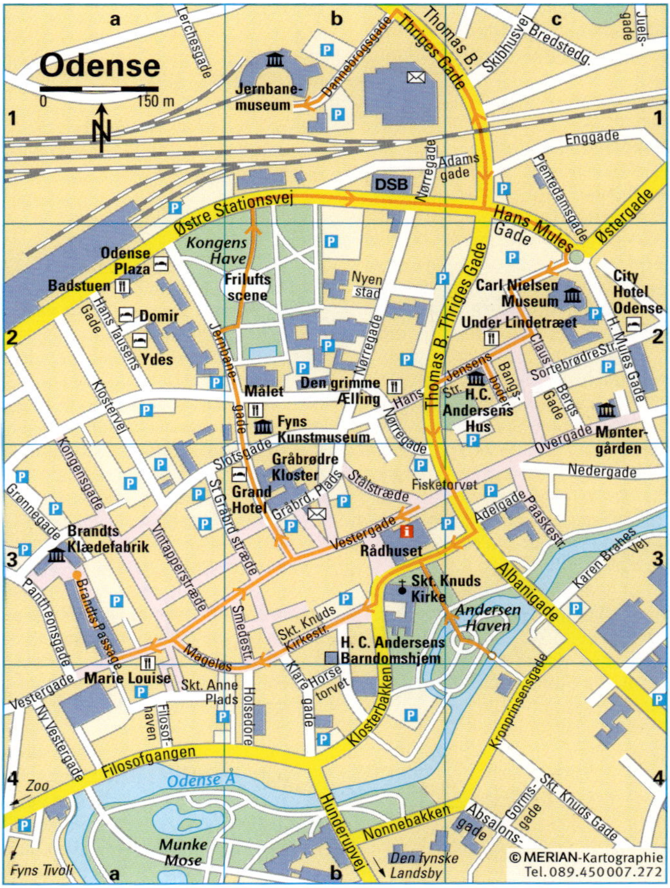

erstreckt sich ein schöner Park (Andersen Haven) bis hinunter zum Flüsschen **Odense Å**. Dann gehen Sie wieder zur Kirche und von ihr über Skt. Knuds Kirkestræde und Mageløs am **Geburtshaus von H. C. Andersen** vorbei. Dann links in die Vestergade. Achten Sie dann rechts auf den Durchgang zu **Brandts Klædefabrik** (Brandts Passage). Hier können Sie eines der zahlreichen Museen in der alten Kleiderfabrik besuchen oder sich in einem der Cafés ausruhen.

Von der Passage geht es wieder zur Vestergade und durch die Fußgängerzone hindurch zum Rathaus.

Sehenswertes

Brandts Klædefabrik ■ a 3
1977 hauchte die Textilfabrik hier ihr Leben aus. Dafür entstand ein Museums- und Freizeitkomplex ganz besonderer Art. In die untere Etage zogen ein Kino, Cafés und eine Kunstbuchhandlung ein. In den oberen Stockwerken etablierte man die Kunsthalle mit modernen Exponaten aus aller Welt, das hervorragende Museum für Fotokunst sowie das wirklich imponierende Grafische und Pressemuseum, das die Geschichte der Setzer- und Druckerkunst sowie der dänischen Presse dokumentiert. Alle Museen befinden sich in hellen und hohen Räumen und nehmen den Ausstellungen so den strengen musealen Charakter.

Auf dem Hof vor dem Gebäude werden im Sommer ebenfalls Speisen und Getränke serviert, außerdem gibt es Live-Konzerte.

Danmarks Grafiske Museum/ Dansk Pressemuseum
Eintritt 25, Kinder 10 DKK
Kunsthallen
Eintritt 30, Kinder 10 DKK
Museet for Fotokunst
Eintritt 25, Kinder 10 DKK
alle: Brandts Passage 37; tgl. 10–17 Uhr, 1. Sept.–30. Juni Mo geschl.

Odense Zoo südwestlich ■ a 4
Afrika in Odense. Odenses Zoo widmet sich insbesondere der Tierwelt Afrikas und Asiens. Der auf dem Gelände eines ehemaligen Vergnügungsparks errichtete Zoo wird ständig erweitert.
Sdr. Boulevard 306; Juli tgl. 9–19, Mai, Juni, Aug. 9–18, April, Sept. 9–17, Okt.–März 9–16 Uhr; Eintritt 40, Kinder 20 DKK

Sankt Knuds Kirche ■ b 3
Die Kirche wurde mehrfach zerstört und erhielt im Wesentlichen ihr Aussehen von 1300 bis 1500. Sie gilt als eine der schönsten hochgotischen Kirchen des Landes.
Elakhavan; 15. Mai–14. Sept. Mo–Sa 10–17, Juni–Aug. auch So 11.30–15.30, 15. Sept.–14. Mai Mo–Fr 10–16, Sa 10–14 Uhr

Museen

Carl Nielsen Museum ■ c 2
Hier in Odense steht er immer ein wenig im Schatten von H. C. Andersen. Ohne Zweifel war Nielsen jedoch der herausragende dänische Komponist um die Jahrhundertwende. Das Museum zeichnet sein Leben in einer gut aufgebauten, überschaubaren Ausstellung nach.
Claus Bergs Gade 11; Juli–Aug. Di–So 12–16, Sept., Okt., April, Mai Do–So 12–16, Nov.–März Do, Fr 16–20, Sa, So 12–16 Uhr; Eintritt 15, Kinder 5 DKK

Danmarks Grafiske Museum/ Dansk Presse Museum, Kunsthallen sowie **Museet for Fotokunst** ■ a 3
finden Sie unter »Sehenswertes« bei Brandts Klædefabrik.

Fyns Kunstmuseum ■ b 2
Schwerpunkt des sehr schönen Museums sind die fünischen Maler sowie die sog. »Dänischen Romantiker«. Die »Fünenmaler« werden besonders durch Landschaftsmalerei,

z. T. beeinflusst vom Impressionismus, charakterisiert.
Jernbanegade 13; Di–So 10–16 Uhr; Eintritt 25, Kinder 10 DKK

H. C. Andersens Hus (H. C. Andersen Museum) ■ c 2
Wie ein Wallfahrtsort liegt das gedrungene Gebäude inmitten eines sehr schönen Viertels. Hier wird das Leben des Märchendichters in allen Facetten nachgezeichnet. Leider macht das Gedränge im Sommer das Herankommen an die Schaukästen manchmal schwierig.
Hans Jensens Stræde 37–45; Juni–Aug. tgl. 9–19, Sept.–Mai Di–So 10–16 Uhr; Eintritt 30, Kinder 15 DKK

Jernbanemuseet ■ b 1
→ EXTRA: Dänemark mit Kindern, S. 57

Møntergården ■ c 2
Wer an der Historie der Stadt interessiert ist, sollte in Odenses Stadtgeschichtliches Museum gehen.
Overgade 48–50; tgl. 10–16 Uhr, Sept.–Juni Mo geschl.; Eintritt 15, Kinder 5 DKK

Essen und Trinken

Badstuen ■ a 2
Das Kulturzentrum der Stadt mit verschiedenen Werkstätten und einem Café, in dem man u. a. Salate und Smørrebrød serviert. Derweil können Zeitungen durchgeblättert oder Spiele wie Schach gespielt werden.
Østre Stationsvej 26; Tel. 66 13 48 66; Mo 12–22, Di–Do 10–22, So 10–16 Uhr ★

Den Grimme Ælling ■ b 2
Täglich kann man hier ab 17.30 Uhr für nur 99,50 DKK so viel am Buffet schlemmen, wie in den Magen hineinpasst. Gleiches gilt mittags zwischen 11 und 14.30 Uhr für 69,50 DKK.
Hans Jensens Stræde 1; Tel. 65 91 70 30; tgl. 12–14.30 und 17.30–22.30 Uhr ★★

Marie Louise M ■ a 3 / a 4
Der Gourmet-Tempel der Stadt, etwas versteckt in einem alten Fachwerkhaus nahe der Fußgängerzone. Französische Küche je nach Marktlage und immer in Perfektion.
Lottrups Gård, Vestergade 70–72; Tel. 66 17 92 95; Mo–Sa 12–14, 18–21.30 Uhr ★★★★

Målet ■ b 2
Immer wieder gerne empfohlen, denn seit Jahr und Tag werden hier Schnitzel in verschiedenen Variationen in bester Qualität serviert.
Jernbanegade 17; Tel. 66 17 82 41; Mo–Sa 11–24, So 15–24 Uhr ★

Under Lindetræet M ■ c 2
Klein, aber fein. Gegenüber dem H. C. Andersen Museum gelegen, bietet dieses Restaurant die gastronomische Odenseer Spitzenklasse mit je nach Tagesangebot wechselnder, französisch geprägter Karte. Unbedingt vorbestellen!
Ramsherred 2; Tel. 66 12 92 86; Mo–Sa 11–23 Uhr ★★★

Einkaufen

Rosengårdcentret südöstlich ■ c 4
Ein riesiges Einkaufszentrum im Südosten der Stadt. Fast 100 verschiedene Geschäfte haben sich hier unter einem Dach versammelt, vom Schuhgeschäft über die Buchhandlung bis zum Lebensmittel-Discounter.
Ørbækvej

Uromagerens Hus M ■ c 2
Christian Flensted verursacht keine Unruhe, wie der Geschäftsname manchen Deutschen vermuten lässt, sondern bastelt wunderschöne Mobiles, die man bestaunen und natürlich auch kaufen kann. Pfiffigerweise hat Flensted sein Geschäft in unmittelbarer Nähe des H. C. Andersen Museums eingerichtet.
Ramsherred 4

Am Abend

Arkaden ■ b 3
Odenses neues Vergnügungszentrum. Restaurants und Bars sind hier unter einem Dach versammelt.
Vestergade 68

Dexter Jazzhus M M ■ b 2
Eine urgemütliche Kneipe im Odenseer Zentrum mit Live-Jazz.
Vindegade 65; Mi 17–2, Do, Fr 17–5, Sa 12–5 Uhr

Service

Abenteuerpass
Damit können Sie einen Tag lang kostenlos mit Bus und S-Bahn fahren, kommen umsonst in Museen, erhalten bei einigen Rabatt.
Erwachsene 85, Kinder 40 DKK

Odense Turist Bureau ■ b 3
Rådhuset, 5000 Odense C;
Tel. 66 12 75 20; www.odenseturist.dk

Svendborg ■ E 7, S. 119

42 000 Einwohner

Fünens zweitgrößte Stadt wurde im 13. Jh. erstmals urkundlich erwähnt. Schon im Mittelalter lebte Svendborg vom regen Handel auf der Ostsee; noch heute ist sie eine bedeutende Hafenstadt. Svendborg besticht durch eine schöne Bebauung, eine großartige Lage und ein lebendiges Einkaufszentrum. Von hier kann man reizvolle Ausflüge unternehmen.

Hotels/andere Unterkünfte

Svendborg
Von außen alles andere als ein anziehender Bau. Im Inneren allerdings ein gutes, gepflegtes Hotel mit der vielleicht besten Küche der Stadt.
Centrumpladsen 1; Tel. 62 21 17 00, Fax 62 21 90 12; 87 Zimmer ★★
www.hotel-svendborg.dk

Sehenswertes

Egeskov Slot 9
Das 20 km nördlich von Svendborg in Kværndrup gelegene, 1554 auf Eichenpfählen errichtete Schloss gilt als Europas schönstes Wasserschloss. Doch weil das so ist, kann der Besuch unterschiedliche Gefühle hervorrufen. Die Reisebusse »türmen« sich bisweilen vor dem Eingang. Gleichwohl ist das noch immer bewohnte, auf Grund seiner Fassadengestaltung verspielt wirkende Schloss selbst unbedingt einen Besuch wert. Die meisten Räume können besichtigt werden. Umgeben wird das Gebäude von einem schönen Park samt Labyrinth und Kräutergarten, in einem Nebengebäude sind ein Oldtimer- und Motorradmuseum sowie ein Landwirtschaftsmuseum untergebracht. Eine Cafeteria sorgt für das leibliche Wohl. Für den Besuch der gesamten Anlage sollten Sie einen ganzen Tag einplanen.
Egeskovgade 18; Mai, Sept. 10–17, Juli 10–20, Juni, Aug. 10–18, Schloss 10–17 (Juni, Aug.) bzw. 10–19 Uhr (Juli); Eintritt 110, Kinder 55 DKK

M/S »Helge«
Das Dampfschiff Helge, 1924 gebaut, fährt während der Sommermonate quer über den Sund nach Thurø und Tåsinge. Eine gemütliche und landschaftlich sehr reizvolle Fahrt. Fahrtdauer 60 Minuten pro Strecke.
Jessens Mole; Tel. 62 50 25 00; Juni–Mitte Aug. tgl. 9, 11, 13.30, 15.30, 17.30, Mai, Mitte Aug.–Anf. Sept. 11, 13.30 und 15.30 Uhr; Rundfahrt 50, Kinder 25 DKK

Schloss Egeskov gilt als eines der schönsten europäischen Wasserschlösser. Es liegt inmitten eines herrlichen Eichenwaldes (eg = Eiche, skov = Wald).

Museen

Ofenmuseum
1850 wurde hier die Gießerei Lange & Co. gegründet, die bis 1984 Öfen herstellte. Einen spannenden Einblick in die Produktionsgeschichte und die damaligen Arbeitsbedingungen gewährt heute das Museum.
Vestergade 45; 15. Juni–31. Aug. tgl. 10–17 Uhr; Eintritt 10 DKK

Essen und Trinken

Gaasen
Eher solide eingerichtetes Restaurant mit sehr ambitionierter Küche dänisch-französischer Prägung. Das viergängige Menü kostet 375 DKK.
Kulinggade 1 b; Tel. 62 22 92 11; Di–Sa 18–22 Uhr ★★★

Tåsinge ■ E 7, S. 119

Ein Blick auf die Landkarte lässt Tåsinge nur als Verbindungsstück zwischen Langeland und Fünen erscheinen. Tatsächlich liegt hier aber eines der schönsten Schlösser Dänemarks, Valdemars Slot.

Sehenswertes

Valdemars Slot
Endlich einmal ein Schloss, in das man auch hinein darf. König Christian IV. (1639–1644) ließ es für seinen Sohn Valdemar errichten, der es aber nie bewohnte. Stattdessen zog Niels Juel, Dänemarks »Francis Drake«, hier 1678 ein. Das Schloss durchlebte mehrere heftige bauliche Veränderungen. Heute kann man sich überall umsehen und sich anschließend im exklusiven Restaurant »Valdemars Slot« (Hauptgerichte um 200 DKK) wieder stärken.

Oder zuvor noch in die beiden im Schloss zusätzlich eingerichteten Museen gehen, eines für den Segelsport, das andere für die Jagdtrophäen.
Mai–Sept. tgl. 10–17, April, erste Oktoberhälfte Sa, So 10–17 Uhr; Eintritt Schloss 55, Kinder 30 DKK

Museen

Søfartssamlingerne
In Troense wird noch die Pracht und Herrlichkeit der Handelszeit mit Asien spürbar. Wunderschöne Kapitänsvillen prägen den Ort. Das Schifffahrtsmuseum dokumentiert die Zeit des China- und Ostindienhandels mit Bildern, Modellen etc.
Strandgade 1; Mai–Sept. tgl. 10–17, Okt.–April Mo–Fr 10–17, Sa 9–12 Uhr; Eintritt 20 DKK, Kinder frei

Ærø ■ E 8, S. 119

8000 Einwohner

Müsste man ein anderes Wort für Idyll finden, hieße es wohl »Ærø«. Dass sie die Insel der Segler ist, das wird besonders in **Marstal** und **Søby** deutlich. Unverbrauchte Natur, wohin man auch blickt; feine Sandstrände, besonders im Norden. Bemerkenswert die Steilküste bei **Vordrup Klint** im Südosten. Und ein Schmuckstück ohnegleichen ist die Stadt **Ærøskøbing**. Fachwerkhäuschen an Fachwerkhäuschen, alle absolut gepflegt – seit dem ausgehenden Mittelalter ist die Vergangenheit hier allgegenwärtig, denn äußerlich wurde kaum etwas verändert; die Stadt steht unter Denkmalschutz. Natürlich weiß man aus dieser Schönheit Kapital zu schlagen. Während Ærøskøbing sich eher als Puppenstube präsentiert und mehr zum Essen und Trinken als zum Einkaufen animiert, lockt Marstal als eigentliches Handelszentrum der Insel.

Ruhepause vor dem Café-Restaurant Madam Blå in Ærøskøbing (→ S. 42).

IDAG
TILBUD
PÅ FADØL
CAPPUCCINO 12,- kr
SAMBUCA 18,- kr
LUMUMBA M/SKUM 30,- kr
MANDELLIKØR 18,- kr
KRANSEKAGE 8,- kr
ÅBEN

Hotels/andere Unterkünfte

Ærøhus M
Zentral, jedoch etwas rückwärtig und insofern ruhig gelegenes Ferienhotel inmitten eines hübschen Gartens. Historisches Ambiente.
Vestergade 38, Ærøskøbing;
Tel. 62 52 10 03, Fax 62 52 21 23; Internet: www.sima.dk/arohus; 66 Zimmer ★★

Museen

Flaschenschiffsammlung
Über 200 Buddelschiffe unterschiedlichster Größen sind im Hinterhaus der Smedegade 22 in den »Flaskeskipsamlingen« ausgestellt – nur ein kleiner Teil der rund 1700 Flaschen, die hier unter einem Dach gesammelt und selbst hergestellt wurden. Peter Jakobsen, später als »Flaschen-Peter« bekannt, begründete die überaus sehenswerte Sammlung, die bald über Dänemarks Grenzen hinaus bekannt wurde. So bekam Jakobsen bald unaufgefordert Exponate aus aller Welt. Und es ist wirklich unglaublich, was alles in eine kleine Flasche hinein passt!
Smedegade 22, Ærøskøbing; Mai–Okt. tgl. 10–17, Nov.–April Di–Do 13–15, Fr, Sa 10–17, So 10–13 Uhr; Eintritt 15, Kinder 10 DKK

Marstal Søfartsmuseum
Alles, was auch nur im entferntesten mit der Seefahrt zu tun hat, ist hier zusammengetragen worden. Ob Lampen, Galionsfiguren oder Modelle, für echte Seebären Pflichtprogramm.
Prinsensgade 2, Marstal; Juni, Aug. tgl. 9–17, Juli tgl. 9–21, Sept.–Mai tgl. 10–16 Uhr, Okt.–April Sa, So geschl.; Eintritt frei

Ærø Museum
In der alten Apotheke ist das volkskundliche Museum untergebracht. Natürlich ist auch hier die Seefahrt ein gewichtiges Thema. Daneben wird aber noch das Leben auf der Insel während der vergangenen Jahrhunderte skizziert.
Brogade 3–5, Ærøskøbing; Mitte Juni – Mitte Aug. Mo–Sa 10–13, So 13–16, Mitte Aug.–Mitte Juni tgl. 13–16 Uhr; Eintritt 15, Kinder 10 DKK

Essen und Trinken

Madam Blå
Wie der Name schon sagt, ist hier alles in Blau gehalten. Im Café gibt es leckeren Kuchen, im Restaurant Pasta, Steaks und viel Fisch.
Vestergade, Ærøskøbing; Tel. 62 52 21 43; Mai–Sept. tgl. 11–23 Uhr, Nov.–April wechselnd ★★

Weltbekannt und faszinierend für große und kleine Besucher ist das »Buddelschiffmuseum« in Ærøskøbing.

Lebendige, spannende Städte

und lange, weite Strände machen die Ostküste Jütlands aus: das richtige Ziel für ruhebedürftige, aber auch kulturinteressierte Urlauber.

Jütland – die Ostküste

Wer nicht nur am Strand sein will, sondern die Mischung aus Strand und Meer, Dörfern und Metropolen sucht, ist in Ostjütland richtig. Da gibt es die noch stark deutsch geprägten Städte wie **Haderslev**, **Sønderborg** und **Åbenrå**. Da gibt es die Großstädte **Aalborg** und **Århus** mit ihren zahlreichen und interessanten Museen, einem lebhaften Nachtleben und erstklassigen Restaurants. Das gemütliche **Ebeltoft** auf der »Nase« Djursland ist ebenso sehenswert wie die traumhafte Seenplatte um **Silkeborg**, das eigenartige **Christiansfeld**, **Jelling**, die Wiege Dänemarks, und nicht zu vergessen **Billund** mit dem **Legoland**. Sie können mit dem ältesten Raddampfer der Welt fahren oder eine Moorleiche bestaunen, sich moderner Kunst widmen oder den Spuren der deutsch-dänischen Geschichte folgen. Und ganz am Ende einer Fahrt in den Norden steht mit **Skagen** eine faszinierende Stadt in einer ganz einzigartigen Umgebung. Nord- und Ostsee treffen hier aufeinander. Die Skagenmaler, die Maler des Lichts, verewigten diesen Ort für alle Zeiten. Wer von all diesen Abwechslungen einmal ausspannen will, flieht auf die Inseln **Læsø** oder **Samsø** oder sucht einen der unzähligen Strände zwischen Kruså und Skagen auf. Nur eines sollte man hier nicht tun – die Entfernungen unterschätzen. Denn Autobahnen gibt es kaum, gefahren wird gemütlich. Weniger ist mehr bei der Planung.

Als

■ E 3, S. 117

Zu den leider oft übersehenen Schätzen Jütlands gehört die Halbinsel Als, auf der auch **Sønderborg** liegt. Die meisten Besucher konzentrieren sich allein auf diese Stadt oder fahren gleich durch zum Fährhafen Fynshav in Richtung Fünen. Dabei eignet sich die Halbinsel hervorragend für eine kleine Radtour, auf der man, zumindest von außen, zwei wunderschöne Schlösser, in **Augustenborg** und in **Nordborg**, besichtigen kann. Hier ist auch »Deskline«, die futuristisch anmutende Produktionsstätte von LINAK beheimatet. 1

Sehenswert ist außerdem die **größte Sonnenuhr in Guderup**, die **Kirche von Lysabild** sowie die **Mühle von Harnbjerg** und selbstverständlich die wunderschönen Strände, die zum Ausruhen einladen.

Billund

■ C 5, S. 118

8000 Einwohner

Ein Produkt aus Billund hat wohl schon jeder einmal in der Hand gehabt – Legosteine. Anfang der dreißiger Jahre war es, als der Tischler Ole Kirk Christensen seine ersten Bauklötze gestaltete, sie waren damals aus Holz. »Leg godt« war sein Wunsch, »spiele gut«. Der Name, Lego, war gefunden. Erst sein Sohn Godtfred begann 1949 mit Plastikklötzen zu arbeiten. Der Startschuss zu einem weltweiten Erfolg war gegeben. 1968 entstand als Vergnügungspark **Legoland** und damit eine der größten Attraktionen Dänemarks.

Bedeutsam wurde Billund aber auch als Charterflughafen, nicht zuletzt dank des Pastors Kroager, der im nahen **Tjæreborg** seine Firma als besonders günstiger Reiseveranstalter begründete. Was bald auch die Norddeutschen bemerkten. Als Ortschaft ist Billund nicht weiter erwähnenswert. Man fährt hin, weil man ins Legoland möchte.

Sehenswertes

Legoland
→ EXTRA: Dänemark mit Kindern, S. 59

Museen

Givskud Zoo ■ C 5, S. 118
Unweit vom Legoland liegt in Givskud (zwischen Vejle und Give) einer der schönsten dänischen Zoos. Man kann mit dem eigenen Wagen durch den Park fahren, an Elefanten, Zebras und Giraffen vorbei. Die Tiere erwarten, dass man sie füttert, tut man es nicht, gibt es manchmal einen leichten Schubs gegen den Wagen. Spektakulärer Höhepunkt ist dann die Fahrt durch den Löwentrakt.
Tel. 75 73 02 22; Ende Juni–Mitte Aug. tgl. 10–20, Mai–Mitte Juni und Mitte Aug.–Mitte Sept. 10–18, Mitte Sept.–Mitte Okt. 10–17 Uhr; Eintritt 75, Kinder 35 DKK

Christiansfeld ■ C 6, S. 118

9000 Einwohner

Vielleicht der eigenartigste Ort des Landes. Er wurde von den Herrnhutern begründet, die ihr Leben streng nach der Bibel ausrichten. Die Häuser in dem rechtwinklig angelegten Ort sind von schlichter Architektur, und die **Kirche**, deren Inneres allein durch die großen Kerzenleuchter an der Decke geschmückt wird, ähnelt eher einem Wohn- als einem Gotteshaus. Auf dem **Friedhof** liegen die Frauen rechts, die Männer links bestattet, alle in Richtung der aufgehenden Sonne. Bekannt ist der Ort auch für die von den Glaubensbrüdern gebackenen **Honigkuchen**, die noch heute nach altem Rezept hergestellt werden und die Sie unbedingt probieren sollten.

Ebeltoft ■ E 4, S. 117

13 000 Einwohner

Dänen wie ausländische Besucher schwärmen von Ebeltoft immer wieder in großen Worten. Und fürwahr besitzt die Stadt im Süden der jütischen »Nase« Djursland großen Charme. Gewarnt sei nur vor allzu großen Erwartungen. Denn die viel beschworene schöne Bebauung Ebeltofts ist schnell gesehen. Ein Spaziergang durch die Fußgängerzone Adel-

Zeugen der Vergangenheit: Die Runensteine von Jelling begründeten praktisch die dänische Geschichtsschreibung (→ S. 46).

gade dauert auch bei gemächlichem Gang nur eine Viertelstunde. Was Ebeltoft darüber hinaus noch interessant macht, sind die mittlerweile rekonstruierte **Fregatte »Jylland«**, das **Glasmuseum** und der beeindruckende **Windmühlenpark** am Fährhafen. Der Strand ist recht gut, die Bucht bei Surfern beliebt.

Hotels/andere Unterkünfte

Molskroen
Herrlich am Meer gelegener Bau in einer gelungenen Mischung aus Alt und Neu. Familienzimmer. Das ausgezeichnete Restaurant ist eher klassisch eingerichtet und bevorzugt Zutaten aus der Region.
Hovedgaden 16, Femmøller Strand;
Tel. 86 36 22 00, Fax 86 36 23 00;
Internet: www. molskroen.dk;
18 Zimmer ★★★

Sehenswertes

Fregatte »Jylland«
Viele Jahre wurde das längste Holzschiff der Welt mit viel Sorgfalt restauriert. Es wurde 1860 gebaut. Heute können Groß und Klein auf und unter dem Deck umherklettern. Nebenan kann man zudem das letzte aktive Leuchtschiff, Fyrskib XXI, aus dem Jahre 1911 bestaunen.
Mitte Okt.–März tgl. 10–16, April–Mitte Juni, Mitte Aug.–Mitte Okt. 10–17, Mitte Juni–Mitte Aug. 10–18 Uhr; Eintritt 50, Kinder 20 DKK

Museen

Glasmuseum
Ein Gang durch dieses Museum gehört zum Pflichtprogramm eines Ebeltoft-Besuches. Eindrucksvoll werden hier die Ergebnisse wirklicher Glasbläserkunst gezeigt. Im Hof kann man im Sommer dabei zusehen.
Strandvejen 8; Aug.–Juni tgl. 10–17, Juli 10–21 Uhr; Eintritt 40, Kinder 5 DKK

Frederikshavn

■ E 1, S. 117

35 000 Einwohner

Frederikshavn verkörpert im klassischen Sinn die Shopping-Stadt. Städtebaulich nicht sonderlich aufregend, schlendern die vielen Besucher aus Schweden und Norwegen durch die Hafenstadt und schauen nach allem, was günstiger ist als daheim.

Museen

Bangsbo-Museum
Ein interessantes Heimatmuseum, das am Südrand der Stadt in sehr schöner Umgebung (Rotwild-Park!) liegt. Dokumentiert wird die Geschichte der Region von der Frühzeit bis in unser Jahrhundert, besonders interessant ist die Darstellung der Besatzungszeit.
Dr. Margrethesvej 6; April–Okt. tgl. 10–17, Nov.–März Di–So 10–17 Uhr; Eintritt 30, Kinder 5 DKK

Haderslev

■ C 7, S. 118

31 000 Einwohner

Sicherlich eine der interessantesten südjütischen Städte. Vor allem um den Markt herum und entlang der lebendigen Fußgängerzone gibt es einige sehr hübsche Gebäude. Am attraktivsten ist vermutlich der **Haderslev Dam**, die Fortsetzung des Fjords. Hier kann man im Sommer ausspannen, das neue große Wildgehege besuchen oder mit dem Leihboot über das Wasser schippern. Interessant ist auch die östlich der Stadt gelegene **Starup Kirke**, die älteste Kirche Südjütlands und eine Mixtur verschiedener Stile.

Sehenswertes

Dom Skt. Marien
Das Stadtbild dominierend und wirklich sehenswert ist der Dom aus dem 15. Jh., immerhin der höchste des

Landes. Sie sollten hier auf die Orgel achten, die vom Eingang bis hinauf zur Decke reicht.

Jelling

C 5, S. 118

5000 Einwohner

Hier vermuten Historiker die Wiege Dänemarks. »König Gorm errichtet diesen Gedenkstein für seine Frau Thyra, Dänemarks Zierde«, lautet die Inschrift auf einem der beiden Runensteine, die vor der Kirche stehen (Foto → S. 44). Und damit ist – Gorm starb 950 – erstmals der Begriff »Dänemark« schriftlich fixiert.

War Gorm noch Wikinger, so bekannte sich sein Sohn Harald Blauzahn bereits zum Christentum: »König Harald ließ diesen Gedenkstein für seinen Vater Gorm und seine Mutter Thyra errichten, der Harald, der ganz Dänemark und Norwegen unterwarf und die Dänen zu Christen machte.« So wird dann in Jelling nicht nur Dänemark erstmals erwähnt, sondern auch noch das Ende des Heidentums dokumentiert.

Von den beiden Grabhügeln neben der Kirche ist der südliche nie benutzt worden. Als wahrscheinlich gilt hingegen, dass in dem nördlichen Gorm und Thyra begraben waren, Harald seine Eltern aber in die damals an dieser Stelle stehende Kirche überführen ließ.

Kolding

C 6, S. 118

59 000 Einwohner

Eine attraktive, lebendige Einkaufsstadt. Wenngleich die durchgehend historische Bebauung fehlt, vermittelt Kolding doch eine gemütliche, einladende Atmosphäre.

Hotels/andere Unterkünfte

Koldingfjord
Welch eine Lage! Ein prachtvoller Bau erhebt sich unmittelbar an der Nordseite des Koldingfjords. Aus dem einstigen Heim für Tbc-kranke Kinder ist vor einigen Jahren ein geschmackvoll eingerichtetes Hotel mit freundlichem Service geworden. Zum Hotel gehören nicht nur Fitnessraum und Swimmingpool, sondern auch ein gutes Restaurant.
Fjordvej 154; Tel. 75 51 00 00, Fax 75 51 00 51; Internet: www.holdingfjord.com; 115 Zimmer ★★★

Sehenswertes

Den Geografiske Have
Einer der größten und schönsten botanischen Gärten Skandinaviens. Besonders beeindruckend ist der Rosengarten, prachtvoll auch der Bambuswald und die Heilpflanzen. Ein Park zum Schlendern und Relaxen, aber auch sehenswert für Blumen- und Pflanzenliebhaber.
Christian d. 4 Vej; Mai–Sept. tgl. 10–18 Uhr; Eintritt 40 DKK, Kinder 15 DKK, im Winterhalbjahr frei

Museen

Koldinghus
Der Grundstein für das Schloss wurde bereits im 13. Jh. gelegt. 1808 wurden hier während der Napoleonischen Kriege spanische Truppen einquartiert. Denen war anscheinend in dem nordischen Klima kalt, heizten sie doch so lange, bis das Schloss in Flammen aufging. Erst 1890 begann man mit dem Wiederaufbau. In den heute eindrucksvoll rekonstruierten Räumen ist das **Koldinghus Museum** untergebracht. Es zeigt Kunst und Interieur aus den letzten Jahrhunderten sowie kunsthandwerkliche Ausstellungen. Eindrucksvoll auch das einstige Hauptquartier der Gestapo im Staldgården.

Nicht entgehen lassen sollte man sich auch den Blick vom Turm aus über den Fjord und die Stadt.
Tgl. 10–17 Uhr; Eintritt 45 DKK, Kinder frei

Oben: Jens Bang hat sich an der Mauer des von ihm erbauten Hauses mit herausgestreckter Zunge selbst verewigt (→ S. 54).

Mitte: Direkt am Wasser gelegen, ist das Hotel Koldingfjord eine Top-Adresse an der jütischen Ostküste (→ S. 46).

Unten: Aalborgs gastronomische Meile, die Jomfru Ane Gade, bietet Verlockungen auf Schritt und Tritt (→ S. 53).

Essen und Trinken

Den Blå Café
Schönes Café in der Fußgängerzone. Bei Sonnenschein trifft man sich samstags nach Geschäftsschluss draußen auf ein Bier und einen Salat bei Livemusik.
Lilletorv ★

Randers

■ D 4, S. 117

62 000 Einwohner

Die sechstgrößte Stadt Dänemarks versucht den Spagat zwischen Alt und Neu. Bei der Anfahrt erscheint sie aufgrund des wirtschaftlichen Wachstums in den Randbezirken nicht sonderlich attraktiv. Im Ortskern erweist sich Randers dann allerdings als historisch gut erhalten und durchaus reizvoll. Einige schöne Museen und die recht ansprechende Fußgängerzone, übrigens die erste in Dänemark, lohnen durchaus einen Besuch.

Sehenswertes

Clausholm
Gute 10 km südöstlich der Stadt liegt das Barockschloss Clausholm, das im Sommer besucht werden kann. Das Schloss hat Geschichte geschrieben. 1712 entführte König Frederik IV. von hier die 18-jährige Anna Sophie Reventlow und ehelichte sie. Nach seinem Tode wurde sie vom Hofe verbannt und lebte fortan wieder auf Clausholm.
Juni, Aug. Sa, So 11–16, Juli tgl. 11–16 Uhr; Eintritt 45, Kinder 15 DKK

Innenstadt
Von den Gebäuden in der Innenstadt verdienen einige besondere Beachtung. So das alte Rathaus (1778), das 1930 auf Rollen gesetzt und um 3 m nach hinten versetzt wurde, um eine Straßenerweiterung zu ermöglichen. Des weiteren sind die Häuser Brødregade 24–26 und St. Kirkestræde 2 beachtenswert, und auch das Helligåndshus in der Torvegade, der Rest des um 1550 aufgegebenen Heiliggeistklosters, sollte nicht vergessen werden.

Randers Regnskov 👪
An der Ringstraße gelegen, bietet dieser Regenwald bei 25 °C und 99% Luftfeuchtigkeit exotische Tiere aus aller Welt, die nicht nur zur Schau gestellt werden, sondern über die auch viel Wissenswertes vermittelt wird.
Torvebryggen 11; Juni, Juli 10–18, Aug. 10–17, Sept.–Mai Mo–Fr 10–16, Sa, So 10–17 Uhr; Eintritt 65, Kinder 40 DKK

Veteranbane
Im Juli fährt ein historischer Zug sonntags mindestens zweimal die 32 km lange Strecke nach Handest und Mariager. Einer der schönsten dänischen »Veteranenzüge«. Die aktuellen Abfahrtzeiten erfahren Sie beim Touristenbüro.
Fahrpreis 50, Kinder 25 DKK

MERIAN-Tipp

Kunstmuseet Trapholt liegt direkt am Koldingfjord und ist eines der sehenswertesten dänischen Kunstmuseen. In hellen und modernen Räumen wird vor allem dänische Kunst des 20. Jahrhunderts gezeigt (Jacobsen, Mortensen, Cronhammar, Bonde, Wörsel), außerdem Kunsthandwerk, modernes Interieur und Sonderausstellungen. Durch einen Erweiterungsbau können jetzt auch dänische Möbel optimal präsentiert werden. Æblehaven 23; tgl. 10–17 Uhr; Eintritt 40 DKK, Kinder frei ■ D 6, S. 119

Museen

Kulturhistorisk Museum
Das Museum zeigt die Geschichte der Region von der Eis- über die Wikinger- bis zur Neuzeit. Dazu gehören historische Werkzeuge ebenso wie kirchliches Inventar und ein alter Kaufmannsladen. Besonders schön: die voll eingerichteten Zimmer aus der Zeit um 1900.
Stemannsgade 2; Sept.–Mai Di–So 13–17, Juni–Aug. 11–17 Uhr; Eintritt 20 DKK, Kinder frei

Kunstmuseum
Das Museum, ebenfalls im Kulturhaus untergebracht, bietet einen sehr schönen Überblick über die letzten 200 Jahre Malerei. Vertreten sind in erster Linie dänische Künstler wie Weie, Høst, Isakson oder Anna und Michael Ancher, aber auch ausländische Größen wie Andy Warhol.
Stemannsgade 2; Di–So 10–17 Uhr; Eintritt 20 DKK, Kinder frei

Samsø

E 5, S. 119

4300 Einwohner

Von Jütland wie Seeland gleichermaßen gut mit dem Schiff zu erreichen ist die Insel Samsø. Die Insel ist 28 km lang und zwischen 600 m und 7 km breit.

Eine flache Landschaft und viele kleine Dörfer prägen die Insel, insgesamt geht es hier noch beschaulicher zu als auf dem Festland. Die Strände sind recht gut und erfreuen sich gerade unter Surfern großer Beliebtheit. Dank der wenigen Steigungen eignet sich Samsø auch gut zum Rad fahren, wenngleich die stetige Brise nicht zu unterschätzen ist. Man sollte sich zumindest einen Tagesausflug nach Samsø gönnen und auf der Heimfahrt unbedingt die heimischen Kartoffeln mitnehmen: Samsøer Kartoffeln gelten zu Recht als Delikatesse.

Service

Turistbureau
Langgade 32, Tranebjerg; Tel. 86 59 14 00

Silkeborg

D 4, S. 117

50 000 Einwohner

Zu den begehrtesten Zielen in Dänemark gehört ohne Zweifel Silkeborg. Das liegt sicherlich auch an der recht schönen Stadt – die noch recht »jung« ist und erst seit dem Jahr 1900, der Zeit des industriellen Aufschwungs, diesen Status besitzt –, noch viel mehr allerdings an der einzigartigen Umgebung. Südlich der Stadt erstreckt sich ein wunderschönes Seengebiet. Setzt man Dänemark zumeist mit einer flachen, vom Wasser geprägten Landschaft gleich, so entdeckt man hier jedoch auch noch eine ganz andere Facette. Hier erhebt sich Dänemarks **Hochland** bis zu 172 m. Das Gebiet ist stark bewaldet, reich an Binnenseen und wird von Dänemarks größtem Flusslauf, der **Gudenå**, durchzogen. So kommen hier dann nicht nur Radler und Wanderer zu ihrem Recht, sondern vor allem auch die Kanuten.

Unbestrittener Höhepunkt ist aber die Fahrt mit »Hjejlen«, dem ältesten Raddampfer der Welt. Und an nur wenigen Orten der Erde liegen Campingplätze dermaßen idyllisch am Wasser.

Hotels/andere Unterkünfte

Låsby Kro M M M
Der Inbegriff des »hyggeligen« dänischen Kros, urgemütlich und liebevoll eingerichtet. Eine Stube ist für den bekannten dänischen Dichter Steen Steensen Blicher eingerichtet, der hier Mitte des 19. Jh. mehrfach übernachtete.
Hovedgaden 49, Låsby/Ry;
Tel. 86 95 17 66, Fax 86 95 10 92;
45 Zimmer ★

Sehenswertes

AQUA – Ferskvands Akvarium & Museum
Hier ist die Perspektive verkehrt worden. Die Besucher drehen innen auf unterschiedlichen Niveaus ihre Runde, während die Bassins außen sind. Ein interessant aufgemachtes Aquarium, das 1993 eröffnet wurde und bei dem besonders ökologische Aspekte berücksichtigt worden sind.
Vejlsøvej 55; Juni–Aug. tgl. 10–18, Sept.–Mai Mo–Fr 10–16 Uhr; Eintritt 60, Kinder 35 DKK

Hjejlen
Zum Pflichtprogramm eines jeden Silkeborg-Besuchers gehört eine Fahrt mit »Hjejlen«, dem ältesten Raddampfer der Welt. Die Fahrt führt über die Silkeborger Seenplatte u. a. zum **Himmelbjerg**. Das Schiff verkehrt allerdings nur im Hochsommer, während die anderen Ausflugsboote noch ein paar Wochen länger fahren. Da aber eigentlich alle mit »Hjejlen« fahren wollen, empfiehlt sich die frühzeitige Information über die Abfahrtzeiten.

Vom Anleger zu Füßen des **Himmelbjergs** geht es dann noch ein Stück auf schönen Wald- und Heidewanderwegen in einer knappen halben Stunde hinauf zum Gipfel. Kondition und festes Schuhzeug sind dennoch angeraten.
Fahrpreis Silkeborg-Himmelbjerget und zurück 54, Kinder 26 DKK

Museen

Silkeborg Kulturhistoriske Museum
Wenngleich an guten Museen in Dänemark kein Mangel herrscht, ist dieses doch eines der besonderen. Denn neben der Kulturgeschichte der Region ziehen der »Tollundmann« und das »Elling-Mädchen« das Interesse der Besucher auf sich. 1950 wurde der »Tollundmann« 10 km westlich von Silkeborg im Bjældskovdal von Torfstechern gefunden. Es war die Leiche eines vermutlich besser gestellten Mannes, der in der Eisenzeit gehenkt und ins Moor geworfen wurde. Kopf und Füße sind mit der Zeit sorgfältig konserviert, der Rest rekonstruiert worden. In unmittelbarer Nähe war zuvor das »Elling-Mädchen« entdeckt worden, das zur selben Zeit gehenkt wurde.
Hovedgårdsvej 7; Mitte April–Mitte Okt. tgl. 10–17, Mitte Okt.–Mitte April Mi, Sa, So 12–16 Uhr; Eintritt 20, Kinder 5 DKK

Silkeborg Kunstmuseum
Das Museum gibt einen sehr schönen Überblick über moderne dänische Kunst und wird von der eigenen Sammlung Asger Jorns sowie dessen Gesamtwerk geprägt.
Gudenåvej 7–9; April–Okt. Di–So 10–17, Nov.–März Di–Fr 12–16, Sa, So 10–16 Uhr; Eintritt 20 DKK

Skagen
■ E 1, S. 117

15 000 Einwohner

Traumhaft – und im Sommer überlaufen. Jütlands Nordspitze zog um die Jahrhundertwende zahlreiche Maler an, deren Gemälde wiederum diesen Landstrich populär machten. Heute folgen unzählige Besucher den Spuren der Maler. Die Stadt Skagen wirkt entsprechend touristisch. Wer die Chance hat, hier in der Nebensaison hinzukommen, sollte dies tun. Dann kann Skagen seine eigentliche Schönheit voll zur Geltung bringen.

Der Himmelbjerg ist mit 147 m eine der höchsten Erhebungen Dänemarks. Vom Turm, der 1874 zu Ehren Frederiks VII. errichtet wurde, genießt man einen weiten Blick ins Land (→ Hjejlen, S. 50).

GRUNDLOVENS GIVER

Sehenswertes

Grenen

Nördlicher geht es in Dänemark nicht. Vom Parkplatz aus sind es noch gut 20 Minuten zu Fuß am Strand entlang (festes Schuhzeug!), bis man 2 jenen Punkt erreicht, an dem Nord- und Ostsee zusammenrauschen. Alternativ kann man sich vom Parkplatz auch mittels Trecker für 10 DKK dorthin fahren lassen. Ein eigenartiger wie einzigartiger Ort. Nur ein kleiner Schaumkronenstreifen deutet an, wo die Meere ineinander fließen. In Gedanken versunken, lauscht man dem Rauschen der Wellen und erinnert sich der Schiffe, die hier ihr Ende fanden.

Råbjerg Mile

Hier gewinnt man einen imposanten Eindruck, wie Sturm und Sand über Jahrhunderte gewirkt haben. Råbjerg Mile ist eine 30 m hohe, unter Naturschutz stehende Wanderdüne. Südlich von Skagen müssen Sie bei Hulsig der entsprechenden Ausschilderung folgen.

Den Tilsandede Kirke

Einst stand hier, südlich von Skagen, eine Kirche, der Wind deckte sie allerdings mehr und mehr mit Sand zu, so dass sie 1795 geschlossen wurde. Heute ragt hier nur noch der Turm heraus, den man auch besteigen kann. Die Aussicht ist allerdings nur mittelprächtig.

Juni–Aug. tgl. 11–17 Uhr; Eintritt 8, Kinder 4 DKK

Museum

Skagens Museum

Das Ehepaar Anna und Michael Ancher begründete hier um die Jahrhundertwende eine Künstlerkolonie. Maler wie P. S. Krøyer und Schriftsteller wie Holger Drachmann (sein Grab liegt am Weg vom Parkplatz zur Landspitze Grenen) kamen. Die »Skagenmaler« wurden weltweit zum Begriff. Das Museum stellt die Werke dieser Künstler aus.

Brøndumvej 4; Juni–Aug. tgl. 10–18, Mai, Sept. tgl. 10–17, April, Okt. Di–So 11–16, Nov.–März Mi–Fr 13–16, Sa 11–16, So 11–15 Uhr; Eintritt 40 DKK, Kinder frei

Sønderborg

■ D 7, S. 119

30 000 Einwohner

Bezaubernd schön auf der Halbinsel Als platziert ist Sønderborg. Die Fußgängerzone wirkt recht gemütlich, die Bebauung ist gefällig. Am Wasser gibt es gute Bademöglichkeiten, der Blick über den Fjord ist wunderschön. Einzig die zahlreichen Ausflugsschiffe aus Deutschland (zollfreier Einkauf) und die Reisebusse lassen den Hafen weniger reizvoll wirken.

Wichtigstes Fest in der Stadt ist das **Ringreiterfest** im Juli (→ Feste und Festspiele, S. 105).

Eine Fahrt nach Sønderborg und in das etwas westlicher gelegene **Dybbøl** ist im Übrigen auch eine Reise in die deutsch-dänische Geschichte. Schließlich fanden hier 1848 und 1864 jene großen Schlachten statt, in denen Preußen schließlich die Dänen niederrang.

Museen

Dybbøl Mølle

Als Mühle ist diese Mühle nicht bemerkenswert. Wichtiger ist sie als nationales Symbol. Denn genau hier stürmten die Preußen im April 1864 die letzten dänischen Stellungen. In den Räumen der Mühle befindet sich deshalb eine Ausstellung zu den damaligen Ereignissen.

Dybbøl Banke 7; April–Okt. tgl. 10–17 Uhr; Eintritt 20, Kinder 5 DKK

Historiecenter Dybbøl Banke

Unweit der Mühle dokumentiert dieses Geschichtszentrum die Auseinan-

dersetzung um die Herrschaft über Schleswig und Holsten, aus der Preußen schließlich siegreich hervorging. Neben zeitgenössischen Darstellungen und Dokumenten verdeutlicht auch eine Tonschau die Ereignisse.
Dybbøl Banke 16; Mitte April–Sept. tgl. 10–17 Uhr; Eintritt 40, Kinder 15 DKK

Museet på Sønderborg Slot
Das massige Schloss liegt unmittelbar am Wasser. Es wurde 1150 als Burg errichtet. Unfreiwilliger Gast war Anfang des 16. Jh. König Christian II., der ab 1532 wegen eines Adelsaufstandes für 17 Jahre in Sønderborg einsaß. Im weiteren Verlauf des Jahrhunderts wurde aus der Burg ein Schloss. Die Baugeschichte dokumentiert das Museum in sehr eindrucksvoller Weise.
Nov.– März tgl. 13–16, April, Okt. tgl. 10–16, Mai–Sept. tgl. 10–17 Uhr; Eintritt 20 DKK, Kinder 5 DKK

Essen und Trinken

Fakkelgaarden
→ MERIAN-Tipp, S. 21

Strandpavillonen M
Tolle Lage, tolles Essen. In den großzügigen Räumen wird von dem außerordentlich freundlichen Service vor allem ein vorzügliches Fischangebot serviert.
Strandvej 25; Tel. 74 42 22 28; tgl. 7–1 Uhr
★★★

Viborg ■ C 4, S. 116

41 000 Einwohner

Viborg ist eine sehr lebendige und zugleich geschichtsträchtige Stadt im Herzen Jütlands. Bis 1655 fanden hier die Krönungzeremonien statt. Viborg war darüber hinaus nicht nur ein bedeutendes kirchliches Zentrum, sondern auch Ausgangspunkt des als Ochsen- oder Heerweg bekannten Handelsweges hinunter nach Norddeutschland. Heute kann man in aller Ruhe die teilweise sehr schönen Straßen um den Dom durchschlendern, in der Fußgängerzone shoppen oder unten am See den Ausflugsdampfer besteigen.

Hotels/andere Unterkünfte

Golf Hotel
Modernes und sehr komfortables Hotel in herrlicher Lage außerhalb des Stadtzentrums direkt am See. Sauna, Pool und ein hervorragendes Restaurant gehören zu den zahlreichen Annehmlichkeiten des Hauses.
Randersvej; Tel. 86 61 02 22, Fax 86 61 31 71; 134 Zimmer ★★★

Sehenswertes

EL-Museet
→ EXTRA: Dänemark mit Kindern, S. 57

Aalborg ■ D 2, S. 117

158 000 Einwohner
Stadtplan → S. 55

Der Aquavit hat den Namen der viertgrößten dänischen Stadt um die Welt getragen. Doch Aalborg ist mehr als die Stadt des Kümmelschnapses. Das Tor nach Nordjütland besitzt eine schöne Fußgängerzone, bemerkenswerte Museen und ein reizvolles Umland rund um den Limfjord. Da schreckt selbst der Industriehafen nicht, der allerdings daran erinnert, dass die Stadt schon seit altersher ein bedeutendes Handelszentrum ist.

Hotels/andere Unterkünfte

Radisson SAS Limfjord Hotel ■ c 2
Keine schöne Lage, kein schöner Bau und trotzdem sehr beliebt. Das liegt vermutlich an den komfortablen Zimmern sowie dem hier untergebrachten

Kasino. Das Haus ist behindertenfreundlich eingerichtet.
Ved Stranden 14–16; Tel. 98 16 43 33, Fax 98 16 17 47; 180 Zimmer ★★★

Scheelsminde südlich ■ b 3
Etwas außerhalb gelegenes Hotel auf einem Landsitz, deshalb auch mit einer ganz eigenen, großzügigen Atmosphäre, die Küche gilt als eine der besten der weiteren Umgebung.
Scheelsmindevej 35; Tel. 98 18 32 33, Fax 98 18 33 34; 76 Zimmer ★★★
www.scheelsminde.dk

Slotshotellet ■ d 2
Ein modernes Hotel mit einfachen und funktionalen Zimmern. Der Service ist überaus freundlich. Die Lage zwischen Innenstadt und Hafen ist zwar zentral, aber leider liegt das Hotel an einer großen Durchgangsstraße.
Rendsburggade 5; Tel. 98 10 14 00, Fax 98 11 65 70; 155 Zimmer ★★★
www.slotshotellet.dk

Sehenswertes

Helligåndsklostret ■ c 2
Das Anfang des 15. Jh. errichtete Kloster ist noch sehr gut erhalten. Heute sind hier Wohnungen für alte Menschen eingerichtet. Führungen finden im Sommer Mo, Mi, Fr um 14 Uhr auf Deutsch statt.
C. W. Obels Plads; Eintritt 25, Kinder 10 DKK

Jens Bangs Stenhus ■ c 2
Eines der schönsten nordeuropäischen Bürgerhäuser der Renaissance, 1624 erbaut. Das steinerne Gesicht mit der ausgestreckten Zunge stellt Jens Bang selbst dar.
Østerågade 9

Lindholm Høje nördlich ■ c 1
Nördlich des Limfjords befindet sich eines der größten prähistorischen dänischen Gräberfelder mit zahlreichen Steinsetzungen. Im benachbarten Museum wird versucht, das Leben in der Eisen- und Wikingerzeit nachzuzeichnen.
Vendilavej 11, Nørresundby; April–Mitte Okt. tgl. 10–17, Mitte Okt.–März Di–So 10–16 Uhr; Eintritt 20, Kinder 10 DKK

Skt. Budolfi Kirke ■ c 3
Die Kirche ist im 15. Jh. auf den Resten einer ersten Kirche gebaut und später ständig erweitert worden. Ein Glockenspiel ertönt zwischen 9 und 22 Uhr jede volle Stunde.
Algade

Tivoliland ■ d 3
Ein riesiger Jahrmarkt mit Vergnügungen für alle Altersgruppen. Besonders spektakulär ist die Loopingbahn, laut Eigenwerbung die größte in Skandinavien. Mittels der »FunCard« erhalten Sie bei den Aktivitäten Rabatt.
Karolinelundsvej; Ende April–Anfang Sept.; Eintritt 40, Kinder 20 DKK

Aalborg Tårnet ■ b 3
Vom Turm im Süden der Stadt hat man einen sehr schönen Ausblick auf Stadt und Hafen sowie über das Umland mit dem Limfjord. Der Fahrstuhlführer serviert zwischen den Fahrten noch schnelle Küche.
Sdr. Skovvej 30; Mitte April–Mitte Juni, Mitte Aug.–Sept. tgl. 11–17, Mitte Juni–Mitte Aug. tgl. 10–19 Uhr; Eintritt 20, Kinder 10 DKK

Museen

Danmarks Tekniske Museum südlich ■ c 3
Versteckt im Süden der Stadt, bietet dieses Museum einen tollen Einblick in die Geschichte der Kommunikationstechnik in Dänemark. Optischer Leckerbissen ist die Entwicklung der Firma Bang & Olufsen.
Riihimäkivej 6; tgl. 10–17 Uhr; Eintritt 15, Kinder 7 DKK

Marinemuseum ■ a 1

Die Marine steht hier ohne Zweifel im Mittelpunkt. Kriegsschiffe können begangen werden, Tafeln und Schaukästen illustrieren die Historie der dänischen Marine, aber auch des Aalborger Hafens.

Vestre Fjordvej 81; Mai–Mitte Sept. tgl. 10–19, Mitte Sept.–Nov., März, April Mi, Sa, So 10–16 Uhr; Eintritt 30, Kinder 15 DKK

Nordjyllands Kunstmuseum ■ b 3

Eines der großartigsten dänischen Kunstmuseen. In großen, hellen Räumen wird ein eindrucksvolles Panorama dänischer Kunst der letzten beiden Jahrhunderte gezeichnet.

Extra: Dänemark mit Kindern

Welche Eltern kennen diese Situationen nicht. Da fragt man im Restaurant nach einem Kinderstuhl, doch die Bedienung schüttelt nur mit dem Kopf. Da können die Kinder nach dem Essen nicht mehr ruhig sitzen, wollen innerhalb des Lokals ein wenig toben, und die Eltern ernten missmutige Blicke von Seiten der anderen Gäste. In Dänemark wird Ihnen dies, abgesehen von dem einen oder anderen Gourmet-Tempel, nicht passieren. Kinder gehören einfach zum Alltag. Kinderstühle sind selbstverständlich, und die Bedienung bringt oft ungefragt Malblock und Stifte.

Auf den besseren Campingplätzen gehören separate **Spielplätze** zur Grundausstattung, ein Wickelraum mit Babybadewanne ist meist auch dabei. **Erlebnisbäder** und **Abenteuer-Spielparks** sind in den letzten Jahren im ganzen Land entstanden. Kaum ein Tierpark, in dem es nicht auch einen **Streichelzoo** gibt, und auch viele **Museen** gehen besonders auf die Bedürfnisse der Kleinen ein, weil man weiß, dass sie die Besucher von morgen sind. Neuester Trend sind maritime Museen. Nach den Erfolgen von Esbjerg und Silkeborg sind nun in Grenå mit dem Kattegatcentret,

Wenn es ein Paradies für Kinder gibt, dann ist es Dänemark. In kaum einem anderen Land finden die Kleinsten so viel Beachtung und so viele verschiedene Betätigungsfelder.

mit dem Fjord-og Bæltcenter in Kerteminde und dem Nordsømuseet in Hirtshals ähnlich konzeptionierte Museen entstanden. Wie es überhaupt schnell zu Doppelungen kommt. Das gilt nicht nur für die nachstehend erwähnten Sommerländer, sondern etwa auch für den Givskud Zoo (Jütland) und den Knuthenborg Safaripark auf Lolland oder die Freilichtmuseen in Hjerl Hede und Lejre.

Da viele Radwege über Dorfstraßen oder durch Wälder führen, kann man sich auch bei **Radtouren** mit Kindern weitgehend sicher fühlen. Ein weiterer Trumpf sind sicherlich die unendlich langen und sauberen **Strände**. Hier sollten Eltern allerdings aus zwei Gründen sehr aufmerksam sein: Die Strömung ist mancherorts recht tückisch, und einige Strände dürfen auch von Wagen befahren werden.

Im Fårup Aquapark & Sommerland kommt garantiert keine Langeweile auf (→ S. 58).

Die nachfolgende Liste ist nur eine kleine Auswahl an kindgerechten Zielen. Weitere Tipps bekommen Sie in der Darstellung der jeweiligen Orte.

Eisenbahnmuseum ■ b 1, S. 35
Das 1998 erweiterte Eisenbahnmuseum **(Jernbanemuseet)** in Fünens Hauptstadt Odense liegt unmittelbar hinter dem Hauptbahnhof. Es ist eines der schönsten Museen seiner Art in ganz Skandinavien, eingerichtet in einem halbrunden Lokschuppen. Hier stehen historische Züge und Waggons, teilweise inmitten zeittypischer Umgebung. Die nostalgisch-schönen Waggons können ebenso bestiegen werden wie die Züge, die neben dem Museumsgebäude stehen. Höhepunkt sind die Salonwagen der Könige mit viel Plüsch. Eine große Modellbahnanlage in der Größe H0 ist ständig in Betrieb. Modelle wichtiger Eisenbahnfähren gehören ebenso zu dieser eindrucksvollen Schau wie ein Shop mit Souvenirs und eine Cafeteria.
Dannebrogsgade 24; Tel. 66 13 66 30; tgl. 10–16 Uhr; Eintritt 30, Kinder 10 DKK

EL-Museet ■ D 4, S. 117
Wie wird Strom erzeugt? Wie viel Energie ist notwendig, um eine Glühbirne zum Brennen zu bringen? Wie haben all die berühmten Physiker gearbeitet? Fragen, die das EL-Museum beantwortet. Überall können Kinder auf Knöpfe drücken, selbst experimentieren, sich wie kleine Forscher bewegen. Daneben steht passenderweise Dänemarks größtes Wasserkraftwerk Gudenaacentralen. In einem Nebengebäude wird die Bedeutung der Windkraft beschrieben. Unbedingt besuchenswert.
Bjerringbrovej 44, Tange (nördlich von Silkeborg, Jütland); Ostern – Okt. tgl. 10–17 Uhr; Eintritt 45, Kinder 20 DKK

Fårup Aquapark & Sommerland
■ D 2, S. 117

Wie Pilze aus dem Boden schossen in den letzten Jahren Vergnügungsparks unter dem Namen »Sommerland«. Es gibt sie u. a. auch in Djursland, Südjütland und auf Fünen. Der wohl größte von ihnen ist jener hier an der Nordseeküste zwischen Blokhus und Løkken (bei Saltum). Im Sommerland können Kinder mit verschiedensten Autos und Booten fahren, auf Pferden reiten, Minigolf spielen oder mit dem Gruben-Express achterbahnähnliche Gefühle erleben. Im angeschlossenen Aquapark sorgen riesige Wasserrutschen für ein feucht-fröhliches Spektakel. Die Rutschen sind bis zu 130 m lang. Für ganz Kleine gibt es entsprechende Becken und Rutschen. Das Badezeug also nicht vergessen!

Pirupvejen 147, Saltum; Tel. 98 88 16 00; Mitte Mai–Mitte Juni, Mitte Aug.–Anfang Sept. tgl. 10–18, Mitte Juni–Anfang Juli, erste Augusthälfte 10–19, Anfang Juli–Anfang Aug. 10–20 Uhr; Eintritt 85 DKK, Mitte Juni–Mitte Aug. 95 DKK, nach 16 Uhr 50–60 DKK, Kinder unter 4 Jahren frei

Hjerl Hede ■ B 4, S. 116

Falls Sie Ihren Kindern einmal zeigen möchten, wie unsere Vorfahren gelebt haben, so ist Hjerl Hede, in Jütland zwischen Holstebro und Skive bei Vinderup gelegen, der richtige Ort. Hier ist das Dorfleben zwischen 1600 und 1900 originalgetreu nachgebildet worden. Und wie so oft in Dänemark ist dies ein »lebendiges Museum«, in dem Menschen so wohnen, so gekleidet sind und so arbeiten wie damals. Für Kinder besonders spannend ist die Steinzeitsiedlung, in der Menschen noch Felle tragen und das Werkzeug mühsam selbst herstellen.

Vinderup; Tel. 97 44 80 60; April–Okt. tgl. 9–17 Uhr, Aktivitäten Mitte Juni–Mitte

August 13–17 Uhr; Eintritt 45, Kinder 20 DKK, in der Aktivitätszeit 65, Kinder 25 DKK

Kattegatcentret ■ F 4, S. 117

Eines der beliebtesten Ausflugsziele ist dieses eindrucksvolle Aquarium unmittelbar am Fährhafen in Grenå (an der Ostküste Jütlands). Unbedingter Höhepunkt ist das Bassin mit den Haien, das man durch einen gläsernen Tunnel durchschreitet. Daneben wird das gesamte Leben im Kattegat auf eine wahrlich faszinierende Weise dargestellt.

Færgevej 4; Mai 10–17, Juni, Aug. 10–18, Juli 9–19 Uhr; Eintritt 80, Kinder 50 DKK

Legoland ■ C 5, S. 118

7

Wohl jedes Kind spielt gern mit Legosteinen. Entsprechend groß ist auch allsommerlich der Andrang im Legoland, nordwestlich von Vejle im jütischen Billund gelegen. Es ist schier unglaublich, was man aus Legosteinen alles bauen kann: amerikanische Berglandschaften, asiatische Tempel oder europäische Schlösser. Und alles getreu den Vorbildern aus aller Welt. Natürlich muss man hier nicht nur den Einfallsreichtum der Legobauer bestaunen, sondern kann auch selbst aktiv werden. Die Kinder können mit kleinen Elektroautos oder der Eisenbahn fahren, mit Booten geht es an gefährlichen Piraten vorbei, oder man schürft selber Gold.

In den Innengebäuden gibt es ein wunderschönes Spielzeugmuseum mit zum Beispiel Titania's Palace, dem größten und wertvollsten Miniaturschloss der Welt, zumindest laut Eigenwerbung. Zwei Warnungen für Eltern allerdings: Das Gedränge ist immer groß, und manchmal muss man arg lange in der Warteschlange stehen. Zudem wollen Kinder gerne noch etwas Lego kaufen, was hier im Park jedoch nicht gerade billig ist.

Ostern–Okt. 10–20 Uhr (in den Sommerferien 21 Uhr), die Innenräume Ostern–Mitte Dez. 10–17 Uhr; Eintritt 135–145, Kinder (3–13 Jahre) 125–135 DKK

Millionen von Steinen für eine Welt en miniature: Legoland.

Nordsømuseet ■ D 1, S. 117

8

Einfach sensationell! Europas größtes Aquarium mit 4,5 Millionen Litern Inhalt. Hier leben Heringe, Makrelen, Haie und andere Fische vor den Augen der Besucher miteinander. Etwas Unruhe kommt nur auf, wenn die Taucher hinabsteigen, die Fische füttern und während dessen auch Fragen der Besucher beantworten. Ebenso beliebt ist das Robbenbecken (Fütterung 11 und 15 Uhr), eindrucksvoll und informativ die Ausstellung zum Leben in und auf der Nordsee.

Willemoes Vej, Hirtshals; Tel. 98 94 44 44; Mai–Aug. 10–22, Sept.–April 10–17 Uhr; Eintritt 90, Kinder 45 DKK

Ergänzt wird die Schau durch Werke aus aller Welt und Sonderausstellungen. Zu den Architekten des Gebäudes zählte auch der finnische Baumeister Alvar Aalto.
Kong Christians Allé 50; tgl. 10–17 Uhr, Sept.–Juni Mo geschl.; Eintritt 30 DKK, Kinder frei

Essen und Trinken

Die **Jomfru Ane Gade** ist die gastronomische Gasse schlechthin. Kneipe an Kneipe, Restaurant an Restaurant.

Duus Vinkjælder M M ■ c 2
Solche Orte gibt es in Dänemark nur wenige, und deshalb lieben die Dänen sie so: ein richtiger Keller mit Gewölbe, Kerzen und rustikalen Tischen.
Østerågade 9; Tel. 98 12 50 56;
Mi–Do 11–1, Fr 11–2, Sa 10–2 Uhr ★

Faklen ■ c 2
Die Kellner sind schottisch gekleidet, die Preise sind es nicht. Hervorragende Küche in traditionsreicher, stilvoller Umgebung.
Jomfru Ane Gade; Tel. 98 13 70 30;
Mo–Sa 17.30–23 Uhr, Mai–Mitte Sept. auch 12–14 Uhr ★★★

Kunst & Spaghetti ■ c 2
Ein einfaches Lokal nahe der Fußgängerzone. Zahlreiche Pasta-Varianten und Pizza zu akzeptablen Preisen.
Vesterbro 65; Tel. 98 12 63 13; tgl. 11.30–14.30, 17–22 Uhr, Fr, Sa 16–23 Uhr ★

La Bourgogne
Streng an der klassischen französischen Küche orientiertes Restaurant, die Weinkarte bietet fast nur Burgunder an. Vorzüglich!
Sankelmarksgade 9; Tel. 98 16 95 05;
Mi–Fr 12–24, Di, Sa 17.30–24 Uhr ★★★

Provence ■ c 2
Die Speisekarte bietet die übliche Mischung aus Fisch und Fleisch. Ein gutes Drei-Gänge-Menü ist für 198 DKK zu haben. Bemerkenswert die ständig wechselnde moderne Kunst an den Wänden.
Ved Stranden 11; Tel. 98 13 51 33;
Mo–Sa 12–22, So 18.30–21.30 Uhr ★★

Service

Aalborg Turist Bureau ■ c 3
Østerå 8, 9100 Aalborg; Tel. 98 12 60 22,
Fax 98 16 69 22

Århus ■ E 4, S. 117

275 000 Einwohner
Stadtplan → S. 61

In Århus, Dänemarks zweitgrößter Stadt, pulsiert das Leben. Die Fußgängerzone wartet mit vielen attraktiven Boutiquen auf. Besonders reizvoll ist das alte Århus nördlich von Store und Lille Torv, wo sich originelle Cafés, kleine Boutiquen und zahlreiche Galerien aneinander reihen. Nicht ohne Grund wird hier von Århus' **Quartier Latin** gesprochen. In den Jazzkellern wird bis tief in die Nacht bei Livemusik geklönt. Einzigartige **Museen** wie das Frauenmuseum oder das Freilichtmuseum **Den Gamle By** suchen ihresgleichen. Nicht versäumen sollte man einen Besuch bei dem 2000 Jahre alten »Grauballemann«, einer Moorleiche.

Hotels/andere Unterkünfte

Atlantic ■ c 4
Stadtnähe bedeutet manchmal auch Lärm. Wer sich an der Durchgangsstraße nicht stört, kann die Aussicht über den Hafen genießen.
Europaplads; Tel. 86 13 11 11,
Fax 86 12 23 43; 102 Zimmer ★★★

Kong Christian d. X
südwestlich ■ a 4
Ein modernes Hotel im Süden der Stadt. Fitnessräume, schöne Zimmer und ein Restaurant mit guter dänischer Küche machen das Hotel zu

einer sehr empfehlenswerten Adresse. Behindertenfreundlich.
Christian d. X's vej 70, Viby J;
Tel. 86 11 61 11, Fax 86 11 74 00;
79 Zimmer ★★
www.christiandx.dk

Marselis südlich ■ c 4
Ein erstklassiges Hotel im Süden von Århus. Unmittelbar am Wasser gelegen, mit sehr geschmackvollen, modernen Zimmern. Gutes Buffet.
Strandvejen 25; Tel. 86 14 44 11,
Fax 86 11 70 46; 101 Zimmer ★★★
www.marselis.dk

Spaziergang

Ausgangspunkt ist die Touristeninformation in der **Park Allé**. Hier können Sie auch gleich einen Blick auf das funktionalistische **Rathaus** werfen. Dann gehen Sie vor bis zum Rådhuspladsen, dort rechts und

gleich links, schon sind Sie in der **Fußgängerzone** (Søndergade). Falls Ihnen am Ende nach einer Pause zumute ist, können Sie am Skt. Clemens Torv rechts in die Kannikegade gehen, über die Sie zur Skolegade gelangen, wo Sie zahlreiche **Kneipen** finden. Wie auch immer – nächste Station ist der **Dom**. Nach dem Besuch der Kirche biegen Sie in die Mejlgade ein, am **Frauenmuseum** vorbei und jeweils links in Snevringen und Studsgade. Von hier über Volden und Badstuegade zum Lilletorv, so gewinnen Sie einen Eindruck von Århus' **Quartier Latin**. Geradeaus in Immervad hinein, dann links in die Skt. Clemens Stræde und zum Skt. Clemens Torv.

Sehenswertes

Dom ■ c 3

Zu Beginn des 13. Jh. entstand hier zunächst ein romanisches Gebäude, das später jedoch eine gotische Prägung erhielt. Keine andere dänische Kirche besitzt so viele Kalkmalereien.
Store Torv; Mai–Sept. 9.30–16, Okt.–April 10–15 Uhr

Hobro Fyrkat ■ D 3, S. 117

Im knapp 80 km nördlich gelegenen Hobro stand einst eine von den Wikingern errichtete militärische Anlage aus Langhäusern. Heute sind innerhalb eines Walles nur noch die Grundrisse markiert. Als Beispiel ist hier ein zeittypisches Haus nachgebaut worden. Die auf dem Gelände getätigten Funde sind im **Museum** der Stadt zu sehen. Nebenan kann man eine alte **Mühle** besichtigen.
Fyrkatvej 45, Hobro; Ostern–Anfang Okt. tgl. 10–17 Uhr; Eintritt 20, Kinder 10 DKK (inkl. Museumsbesuch)

Marselisborg Slot Og Park südlich ■ c 4

Hier genießen Königin und Prinz ihre Sommerferien. Ihre Anwesenheit signalisiert die gehisste Fahne, dann findet auch um 12 Uhr der Aufzug der königlichen Garde statt. Sind die beiden nicht zugegen, darf das gemeine Volk den Schlossgarten betreten und die wunderschönen Rosenbeete bestaunen.
Kongevejen 100; Eintritt frei

Rosenholm Slot ■ E 4, S. 117

Nördlich von Århus liegt mit Rosenholm eines der schönsten dänischen Schlösser. Mit dem Bau wurde 1559 begonnen, und seitdem hat er nur wenige Änderungen erfahren. Gelegen in einem weitläufigen Park und umgeben von einem breiten Wassergraben, präsentiert das Schloss im Inneren u. a. prächtige spanische Möbel und eine eindrucksvolle Porträtgalerie der bisherigen Besitzer.
Hornslet; 20. Juni–Aug. tgl. 10–17 Uhr; Eintritt 50, Kinder 20 DKK

Rådhus ■ b 4

Eigenartig in all der historischen Umgebung nimmt sich das funktionalistische Rathaus aus, das 1941 errichtet wurde. Der merkwürdige Turm wurde angeblich nur auf Wunsch der Stadtväter gebaut.
Rådhuspladsen; Führungen in deutscher Sprache Mo–Fr 11 Uhr, 10 DKK; Turmbesteigung Mitte Juni–Anfang Sept. Mo–Fr 12 und 14 Uhr, 5 DKK

Tivoli Friheden südlich ■ c 4

Kopenhagen hat ihn, Odense und Ålborg besitzen auch einen, da braucht auch Århus seinen Tivoli mit Karussells, Loopingbahn, Booten, Gastronomie und Freilichtbühne.
Skovbrynet; Mitte April–Mitte Juni 12–22, Mitte Juni–Mitte Aug. 12–23 Uhr; Eintritt 35, Kinder 15 DKK

Museen

Den Gamle By ■ a 2

Aus verschiedenen Teilen Dänemarks hat man alte Kaufmannshäuser in

diesem Freilichtmuseum wieder aufgebaut und zeigt somit ein Stückchen der dänischen Kulturgeschichte zwischen dem 17. und 20. Jh. Das ist abwechslungsreich, lehrreich und interessant, nur ist das Museum im Sommer überlaufen.
Viborgvej; Juni–Aug. tgl. 9–18, Mai, Sept. 10–17, April, Okt., Dez. 10–16, Jan.–März, Nov. 11–15 Uhr; Eintritt 55, Kinder 15 DDK

Forhistorisk Museum Moesgård südlich ■ c 4
Das eindrucksvolle Museum über die dänische Frühzeit zeichnet die Epoche von der Stein- bis zur Wikingerzeit anhand zahlreicher Funde nach. Besonderes Augenmerk verdient die über 2000 Jahre alte Moorleiche »Grauballemann«.
Moesgård Alle 20, Højbjerg; Feb.–Sept. 10–17, Okt.–Jan. Di–So 10–16 Uhr; Eintritt 35, Kinder 15 DKK

Kunstmuseum ■ c 1
Das Museum bietet einen sehr schönen Querschnitt durch die dänische Kunst der letzten 250 Jahre. Weitere Schwerpunkte sind amerikanische und deutsche Kunst.
Vennelystparken; Di–So 10–17 Uhr; Eintritt 40 DKK, Kinder frei

Kvindemuseet ■ c 2 / c 3
Dieses Frauenmuseum dokumentiert die Veränderung der gesellschaftlichen Rolle der Frau. Historische Bilder und Dokumente zeichnen den Weg der Emanzipation nach.
Domkirkeplads 5; Sept.–Mai Di–So 10–16, Juni–Aug. 10–17 Uhr; Eintritt 20 DKK, Kinder frei

Steno Museum/Danmarks Videnskabshistoriske Museum ■ b 1
Eines der besten Museen der Stadt, selbst an Naturwissenschaften eigentlich nicht Interessierte kommen hier auf ihre Kosten. Das Museum bietet tolle Einblicke in die Welt der Physik, Chemie, Medizin etc. Auch für Kinder faszinierend, da viel selbst probiert werden kann!
C. F. Møllers Allé, Universitätspark, Gebäude 100; Di–So 10–16 Uhr; Eintritt 30, Kinder 10 DKK, Filmvorführungen 30, Kinder 20 DKK

Wikingermuseum ■ c 3
Ein kleines Museum im Keller der Unibank gegenüber des Domes. Während Kellerarbeiten fand man hier Siedlungsreste aus der Wikingerzeit. Geöffnet während der Geschäftszeiten.
Clemens Torv; Eintritt frei

Essen und Trinken

Prins Ferdinand ■ a 2
Die Nummer eins der Stadt, Per Brun sammelt für seine bewusst gesund gehaltene Küche Ideen aus aller Welt.
Viborgvej 2, Den Gamle By; Tel. 86 12 52 05; Di–Sa 12–24 Uhr ★★★★

Raadhuus Kaféen M M ■ b 4
Urdänische Gemütlichkeit paart sich hier mit guter dänischer Hausmannskost. Vernünftige Preise und freundlicher Service.
Sønder Alle 3; Tel. 86 12 37 74; tgl. 11–23 Uhr ★★

Viking Bøfhus ■ c 3
In rustikal-gemütlicher Atmosphäre werden hier verschiedenste Fleischgerichte serviert. Spezialität ist der Wikingertopf (Vikinggryde) für 104 DKK.
Skolegyde 10; Tel. 86 13 28 27; So–Do 11.30–23, Fr, Sa 11.30–0.30 Uhr ★★

Service

Århus Turistbureau ■ b 4
Rådhus
8000 Århus C; Tel. 86 12 16 00, Fax 86 12 95 90; www.aarhus-tourist.dk

Ein einziger langer Strand ist sie, die jütische Westküste, ein Paradies für Badesüchtige, Strandwanderer und Surfer. Städte hingegen sind selten, dafür gibt es nette Dörfer.

Jütland – die Westküste

Vergleicht man die Westküste Jütlands mit der Ostküste, so fällt einem gleich das Fehlen großer Orte an der Westküste auf. Keine Städte wie Århus oder Aalborg, stattdessen Dörfer und kleine Ortschaften wie **Henne Strand** und **Hvide Sande**. Reizvoll gewiss, aber ohne Hinterland.

Stattdessen Ferienhäuser über Ferienhäuser. Kleine Boutiquen, größere Kneipen und geschäftstüchtige Kaufleute. Hier an der Westküste sind die Touristen stärker unter sich als anderswo in Dänemark. Insbesondere im Sommer, während Monate wie April oder November eher Stille und Abgeschiedenheit versprechen, manchmal auch schlechtes Wetter. Und doch steht man sich selbst im Sommer nicht gegenseitig auf den Füßen. Die weiten Strände bieten genug Platz für jeden. Surfer kommen ebenso auf ihre Kosten wie die Kleinen, die lieber Burgen bauen. Stundenlang kann man an der Nordsee spazierengehen.

Wer auf der Suche nach Städten ist, muss sich ins Landesinnere orientieren. Im Südwesten sind dies die alte Stadt **Ribe** und die Hafenstadt **Esbjerg**, weiter nördlich **Holstebro**, **Nykøbing** und **Thisted**, schließlich auch **Skagen**. Zwischendurch Überraschungen wie der landschaftlich einmalige **Limfjord** im Norden, das **Freilichtmuseum Hjerl Hede** in **Vinderup**, **Løgumkloster** mit dem einzigartigen Glockenturm oder das **Brauereimuseum in Fjerritslev**.

Die schönen Fenster im Dom von Ribe wurden erst in den achtziger Jahren des 20. Jahrhunderts gestaltet (→ S. 70).

Esbjerg

■ B 6, S. 118

83 000 Einwohner

Jahrhundertelang war Esbjerg ein ziemlich verschlafenes Hafenstädtchen; an der langen, flachen und sturmgepeitschten Küste führten die wenigen Bewohner ein hartes Dasein.

Erst als Dänemark Mitte des 19. Jahrhunderts Husum als Hafen verlor und Esbjerg zum Ersatz erkor, begann das rasante Wachstum der heute fünftgrößten Stadt des Landes. Der Hafen ist das Tor zum Atlantik und der größte Fischereihafen Dänemarks, entsprechend groß ist die Fischereiflotte. Das rasante Wachstum hat Esbjerg allerdings nicht zur Schönheit werden lassen. Eine lange, aber leicht kalt wirkende Fußgängerzone zieht sich durch die Stadt.

Sehenswertes

Vandtårnet
Wer einen Überblick über den sicherlich eindrucksvollsten Hafen Dänemarks bekommen möchte, sollte sich zum alten Wasserturm begeben. Bei gutem Wetter lohnt der Aufstieg garantiert.
Havnegade 22; Juni–Mitte Sept. tgl. 10–16, sonst Sa, So 10–16 Uhr; Eintritt 15, Kinder 10 DKK

Museen

Fiskeri- og Søfartsmuseet
Dieses Fischerei- und Seefahrtsmuseum ist unbedingt einen Besuch wert. Eine Ausstellung zeigt das harte Leben der Fischer, und das Aquarium vermittelt spannende Einblicke in die dänische Meereswelt. Höhepunkte für Kinder sind die täglichen Fütterungen der Seehunde (11 und 14.30 Uhr).
Tarphagevej; tgl. 10–18 Uhr; Eintritt 60, Kinder 30 DKK

Fanø

B 6, S. 118

3000 Einwohner

Einst war die Insel Zentrum der dänischen Schifffahrt mit vier Werften und ca. 1000 dort gebauten Segelschiffen. Heute ist sie eines der großen dänischen Urlaubsgebiete mit Ferienzentren, ca. 2500 Ferienhäusern und diversen touristischen Einrichtungen.

Fanø bietet alle Möglichkeiten für einen abwechslungsreichen Urlaub. Da ist zum einen der 18 km lange Strand mit idealen Möglichkeiten zum Strandwandern, Reiten und Surfen. Zum anderen gibt es die kleinen, feinen Orte **Nordby** und **Sønderho**, die ihren historischen Charme sorgsam pflegen. Und drittens kann man in den kleinen und attraktiven Museen in die Fanøer Historie eintauchen, am Strand Bernstein suchen oder in der Meierei in Nordby den köstlichen Käse »Fanø Ost« erwerben. Und wer auf der Insel schon alles gesehen und erlebt hat, macht einen Tagesausflug nach **Ribe** (→ S. 69) oder ins **Legoland** (→ S. 59). Kein Wunder also, dass die Zahl der Stammgäste hier groß ist.

Sehenswertes

Hannes Hus

Dieses Gebäude aus dem 18. Jh. stellt ein typisches Kapitänshaus dar. Es war noch bis 1965 bewohnt.

Sønderho; Mitte Juni–Aug. tgl. 15–17 Uhr; Eintritt 10, Kinder 5 DKK

Kirche

Die kleine Kirche von Nordby ist aufgrund ihrer neuen Schiffsmodelle und des seltenen bronzenen Taufbeckens unbedingt sehenswert.

Museen

Fanø Flisesamling

Dänemarks vermutlich einziges Museum in einem Restaurant, nämlich im **Café Nanas Stue**. Als 15-Jähriger kaufte Jørgen Hahn seine erste Fliese, heute besitzt er ca. 1500 Stück. Seine Sammlung ist die Basis für dieses großartige Museum über die Geschichte der Fanøer Fliese, die von 1650 bis 1900 großes Ansehen genoss.

Sønderho; April–Okt. tgl. 11–22, Nov.–März Fr–So 12–22 Uhr; Eintritt frei

Fanø Skibsfart – Og Draktsamling

Zwischen 1741, als die Bewohner die Insel dem König abkauften, und 1900 erlebte Fanø seine Blütezeit. Das Museum zeigt all die Schiffstypen, die auf den heimischen Werften entstanden. Es dokumentiert das Leben auf der Insel, insbesondere das der Frauen, die hier ganz allein das häusliche Leben regeln mussten, während die Männer auf hoher See waren. Unbedingt sehenswert ist auch die Trachtensammlung.

Skolevej, Nordby; Juli tgl. 10–17, Mai, Juni, Aug., Sept. Mo–Sa 10–12 und 14–17, So 14–17, Okt.–April Mo–Sa 10–12 Uhr; Eintritt 15, Kinder 5 DKK

International Historisk Legetøjsmuseum

Ob Puppen, Modelleisenbahnen oder Zinnsoldaten, dieses imponierende Museum steckt voller Spielzeug aus aller Welt und fasziniert Kinder und Erwachsene gleichermaßen.

Herluf Trollesvej 1, Nordby; Mitte Mai–Okt. Mi–Mo 10–17 Uhr; Eintritt 20, Kinder 10 DKK

Essen und Trinken

Sønderho Kro M M

Mit Sicherheit die Nummer eins im gastronomischen Angebot der Insel. In der gediegenen historischen Atmosphäre wird mittags dänische Hausmannskost, abends feine dänisch-französische Küche zelebriert.

Kropladsen 11, Sønderho; Tel. 75 16 40 09; tgl. 12–23 Uhr, Okt.–Feb. So, Mo geschl.

★★★

Oben: Ribe ist einer der Touristenmagneten an der Westküste. Hier ist die dänische Historie allgegenwärtig – mittelalterliches Flair pur (→ S. 69).

Mitte: Die eigenwillige Laser-Skulptur »Kaos Tempel« in Holstebro passt gut in die Stadt, die viel für die moderne Kunst tut (→ S. 68).

Unten: Im Fiskeri- og Søfartsmuseum in Esbjerg erfährt der Besucher viel über die Geschichte der Nordseefischerei (→ S. 65).

Fjerritslev

C 2, S. 116

9000 Einwohner

Kein besonders aufregender Ort, allerdings sehr schön gelegen. Im Süden liegt der Limfjord, im Norden das schöne Strandgebiet rund um Slettestrand. Archäologisch und ornithologisch Interessierte werden hier ein reiches Betätigungsfeld finden.

Museen

Bryggerimuseum
Aus einer kleinen Brauerei, die 1968 ihren Betrieb einstellte, ist ein hübsches Museum geworden, das neben allgemeiner Heimatgeschichte Aufblühen und Ableben der Brauerei dokumentiert. Das historische Inventar ist erhalten und vermittelt einen schönen Einblick in vergangene Zeiten.
Østergade 1; Mitte Juni–Mitte Aug. Mo–Fr 10–16.30, Sa 10–12 Uhr; Eintritt 10 DKK, Kinder frei

Henne Strand

A 5, S. 118

Ferienhäuser, Ferienhäuser, Ferienhäuser. Außerdem ein paar Kioske und Boutiquen, eine Disco, einige wenige Restaurants. Henne Strand ist ein typischer Nordsee-Touristenort, dem das Hinterland fehlt. Dafür kann man sich in den Dünen wunderbar sonnen, am Strand spielen oder wandern und am Abend vor dem »eigenen Häuschen« relaxen.

Hirtshals

D 1, S. 117

15 000 Einwohner

Hirtshals liegt sehr schön unmittelbar an der Nordsee und besitzt für die Fährschifffahrt durch die Verbindungen nach Norwegen, Island und Großbritannien große Bedeutung. Städtebaulich besitzt das Land sicherlich größere Schätze, durch das **Nordseemuseum** lohnt aber zumindest ein Abstecher in den Ort.

Museen

Nordsømuseet
→ EXTRA: Dänemark mit Kindern, S. 59

Essen und Trinken

Skaga Hotel
Gegenüber des Nordseemuseums liegt das Skaga Hotel, in dessen Bistro gute dänische Hausmannsküche in drei Gängen für 105 DKK angeboten wird; die Kinderteller für 38 DKK werden übrigens auch Erwachsenen serviert.
Willemoesvej; Tel. 98 94 55 00, Fax 98 94 55 55; Mai–Sept. tgl. 9–21 Uhr ★

Holstebro

B 4, S. 116

40 000 Einwohner

Eines der wichtigsten Einkaufszentren an der jütischen Westküste. Moderne und historische Gebäude bilden ein harmonisches Gleichgewicht. Vor dem Rathaus steht übrigens Giacomettis Skulptur »Frau auf Karren«, deren Kauf umstritten war, heute aber der Stolz der Stadt ist.

Sehenswertes

Kaos Tempel
Östlich des Zentrums steht am Ringvejen (am Sendemast des Fernsehsenders TV2) diese Laserskulptur, die allerdings nur bei Dunkelheit eindrucksvoll wirkt.

Museen

Hjerl Hede
→ EXTRA: Dänemark mit Kindern, S. 58

Holstebro Museum/ Kunstmuseum
Man bezahlt einmal Eintritt und kann gleich zwei sehr lohnende Museen besuchen. Neben der bewegten

Stadtgeschichte von den Wikingern bis heute zeigt das Stadtmuseum auch eine schöne Spielzeugsammlung, die Geschichte der Tabakfabrik Færch und Dokumente der Besatzungszeit.

Das moderne Kunstmuseum beherbergt etliche dänische Künstler, internationale Größen wie Bacon, Picasso und Giacometti sowie Kunst aus Asien und Südamerika. Allein diese beiden Museen machen die Fahrt nach Holstebro lohnenswert!
Herningvej 1; Juli, Aug. tgl. 12–17, Sept.–Juni Di–Fr 12–16, Sa, So 12–17 Uhr; Eintritt 25 DKK, Kinder bis 16 Jahre frei

Løgumkloster ■ C 7, S. 118

6000 Einwohner

Ein kleiner, beschaulicher Ort, der durch das Gelände um die Kirche, den Marktplatz sowie den Glockenspielturm allerdings äußerst sehenswert ist.

Hotels/andere Unterkünfte

Løgumkloster Refugium
Wunderschön in der Innenstadt neben der Kirche gelegen, große, gut ausgestattete Zimmer. Besonders stolz ist man auf die hauseigene Bibliothek. Wer Ruhe und Besinnung sucht, ist hier richtig.
Refugievej 1; Tel. 74 74 33 01, Fax 74 74 33 25; 48 Zimmer ★

Sehenswertes

Glockenspielturm
Gegenüber der Kirche steht der 25 m hohe, 1973 zur Erinnerung an Frederik IX. errichtete Glockenspielturm mit seinen 49 verschiedenen Glocken. Hier kann man sich zum Glockenspieler ausbilden lassen. Entsprechend »laut« geht es tagsüber zu, im Juli haben die Glocken Ruhe.
Spielzeiten 8.15, 11.45, 15.15, 16.45, 18.15 und 21 Uhr

Løkken ■ D 1, S. 117

9000 Einwohner

Løkken ist der einzige größere Ort unmittelbar an der Jammerbucht. Hervorragende breite Strände locken Jahr für Jahr Zigtausende an die Küste zwischen Hanstholm und Hirtshals. Zahlreiche Campingplätze und unzählige Sommerhäuser stehen für die Übernachtung bereit. Boutiquen und Kneipen warten auf Touristen. Surfer finden ein ideales Gebiet. Leider darf der Strand zwischen Grønhøj und Rødhus mit dem Wagen befahren werden, was die Ruhe und Beschaulichkeit erheblich stört und den Strand für Kinder nicht ungefährlich macht.

Sehenswertes

Rubjerg Knude
Einige Kilometer nördlich erhebt sich mit Rubjerg Knude eine eindrucksvolle Steilküste. Der unaufhörliche Wind trägt den Dünensand ins Landesinnere und wird den Leuchtturm eines Tages vollständig begraben haben. Ein weiteres Stückchen nördlich steht die leergeräumte **Mårup Kirche**, deren Grund von Meer und Sturm so weit abgetragen wurde, dass sie ins Wasser zu stürzen droht.

Ribe ■ B 6, S. 118

18 000 Einwohner

Eben noch hat man sich in der Wagenschlange Richtung Nordseeküste gequält, da befindet man sich plötzlich mittendrin im Mittelalter. Ribe, Dänemarks älteste Stadt, war einst Wikingerhochburg und zu jener Zeit als Handelsplatz so bedeutend wie etwa Haithabu (bei Schleswig). Mitte des 10. Jh. wurde Ribe gar Bischofssitz und blieb auch in der Folgezeit eine ebenso mächtige wie wohlhabende Stadt. Erst nach der Reformation setzte der Niedergang ein, der mit der neuen Grenzziehung 1864 seinen Abschluss fand. Ribe verlor sein südliches Hinterland, das nahe Esbjerg wurde zum aufstrebenden Handelshafen.

Und so scheint es heute noch, dass in Ribe die Zeit stehen geblieben ist. Wunderschöne alte Häuser, Kopfsteinpflaster, und über allem thront der mächtige Dom – mittelalterliches Flair pur. Im Sommer zieht allabendlich der Nachtwächter durch die Stadt.

Hotels/andere Unterkünfte

Dagmar M M M
Das renommierteste Haus am Platz (und älteste Hotel Dänemarks) mit klassisch eingerichteten Zimmern. Mitten in der Innenstadt gelegen.
Torvet 1; Tel. 75 42 00 33, Fax 75 42 36 52; 48 Zimmer ★★

Sehenswertes

Dom
Ein wunderschöner, weithin sichtbarer Bau. Das helle und freundliche Innere ist äußerst großzügig ausgestaltet worden. Einen Blick verdienen die großen Grabplatten in den Außenschiffen, eindrucksvoll sind die bunten, vom dänischen Künstler Carl-Henning Pedersen gestalteten Fenster über dem Altar. Unbedingt lohnend ist der mit 250 Stufen zweifelsohne mühsame Aufstieg auf den Glockenturm, von dem man einen hervorragenden Blick über das Umland bis hinüber nach Fanø hat.
Juni–Aug. tgl. 10–18, So 12–18, Mai, Sept. tgl. 10–17, So 12–17, April, Okt. tgl. 11–16, So 12–16, Nov.–März 11–15, So 12–15 Uhr; Eintritt 10, Kinder 3 DKK

Sturmflutsäule
Auf Höhe der Skibbroen 19 dokumentiert eine Sturmflutsäule den Wasserstand während der Flutkatastrophe von 1634 sowie einiger anderer im 20. Jh.

Museen

Hjemsted Oltidspark
Leben wie unsere Vorfahren, das kann man hier zumindest für einen Tag. In diesem Park wird die Eisenzeit nachgestellt und nachgelebt, Besucher sind zum Mitmachen herzlich eingeladen. Ideal für Kinder!
Hjemstedvej 60, Skærbæk; Mitte Juni–Mitte Aug. tgl. 10–18, Mai–Mitte Juni, Mitte Aug.–Mitte Okt. Di–So 9–16 Uhr; Eintritt 65, Kinder 40 DKK

Ribes Vikinger
Das überschaubare Museum für die Wikingerzeit und das Mittelalter dokumentiert auf stolzen 2500 qm Momentaufnahmen der Stadtgeschichte. So wird ein Tag des Jahres 800 sehr lebendig dargestellt, ebenso die Szenerie des Mittelalters. Interessant auch für Kinder.
Odins Plads; Mai, Sept. Mo–Fr 11–16, Juni–Aug. tgl. 11–16.30 Uhr; Eintritt 50, Kinder 20 DKK

Essen und Trinken

Kammerslusen
Außerhalb der Stadt direkt an der im Jahre 1913 in Betrieb genommenen Kammerschleuse gelegenes, modernes Restaurant mit sehr guter dänischer Küche. Nicht so edel wie das Restaurant im Hotel Dagmar, dafür aber etwas günstiger. Sehr freundlicher Service.
Bjerrumvej 30; Tel. 75 42 07 96; Mo–Sa 11–21, So 10–21 Uhr ★★

Rømø

■ B 7, S. 118

Ein 9 km langer Damm verbindet seit 1948 Rømø mit dem Festland. Ein Damm, der Radfahrern bei entsprechendem Wind zur Tortur werden kann. Im Osten prägt das Watt die Insel, in der Mitte die Kiefernwälder und Heideflächen, an der Westküste der unendlich breite (bis zu 3 km) und lange (18 km) Strand. Ansonsten sind die vielen Ferienhaussiedlungen unübersehbar.

Service

Rømø-Sylt-Linie
Havneby; Tel. 74 75 53 03
Fährverbindung nach List auf Sylt 5- bis 10mal täglich, Fahrtdauer 55 Min.

Tønder

■ B 7, S. 118

13 000 Einwohner

Im Vergleich zu Åbenrå und Sønderborg ist Tønder vermutlich die schönste Stadt gleich hinter der Grenze. Im 17. Jh. brachte die Spitzenklöppelei Geld in die Stadt, der Reichtum der Bürger spiegelt sich noch heute in den wunderschönen Häusern wider. Die Fußgängerzone versammelt zahlreiche interesssante Boutiquen, der Marktplatz samt der Kirche fügt sich gut in das Bild der Stadt ein.

Hotels/andere Unterkünfte

Tønderhus
Gediegenes, konservativ gehaltenes Hotel im Zentrum mit schönem Wintergarten. Behindertengerecht.
Jomfrustien 1; Tel. 74 72 22 22,
Fax 74 72 05 92; 42 Zimmer ★★

Sehenswertes

Gallehus
In diesem nordwestlich von Tønder gelegenen Ort (Straße 419 Richtung Højer) wurden 1639 und 1734 zwei Goldhörner aus der Zeit um 500 gefunden. Sie wurden in die Kunstkammer nach Kopenhagen gebracht, dort geklaut und vermutlich eingeschmolzen. Zur Erinnerung stehen in Gallehus jetzt zwei große Steine.

Møgeltønder
Wer wissen möchte, wie das perfekte Idyll aussieht, sollte in diesem Ort, wenige Kilometer westlich (Straße 419), durch die Slotsgade schlendern. Kopfsteinpflaster, hohe Linden, reetgedeckte Häuser – einzigartig.
In das **Schloss Schackenborg** dürfen Sie allerdings nicht, es gehört Prinz Joachim, dem zweitältesten Sohn der Königin.

Museen

Tønder Museum
Wer sich für das Klöppeln interessiert, sollte unbedingt dieses Museum besuchen. Es zeigt die Historie der Klöppelei in Tønder, außerdem Möbel aus Südjütland und Norddeutschland sowie lokale Silberkunst.
Kongevej 55; Mai–Okt. Di–So 10–17,
Nov.–April Di–So 13–17 Uhr;
Eintritt 15 DKK, Kinder frei

Einkaufen

Det Gamle Apotek
In dem Eckhaus am Markt werden Kerzen, Leuchter, Küchengeschirr und vieles mehr sehr günstig verkauft, das wenigste entstammt allerdings dänischer Produktion.

Varde

■ B 6, S. 118

20 000 Einwohner

Eine niedliche, kleine Stadt mit gut erhaltenen Straßenzügen. Leider wird Varde von den Richtung Westküste fahrenden Urlaubern gerne übersehen.

Sehenswertes

Minibyen
Mehrfach wurde Varde durch Brände vernichtet, zuletzt 1821. Heute kann man sich dank der begehbaren Miniaturstadt eine Vorstellung vom einstigen Stadtbild machen.
Arnbjerg Anlægget; Mitte Mai–Mitte Sept. tgl. 10–18, Mitte Sept.–Okt. Mo–Fr 13–16 Uhr; Eintritt 20, Kinder 5 DKK

Durchgangsstation: Viele Feriengäste kennen Lolland nur von der An- oder Abreise. Dabei lohnt sich ein längerer Aufenthalt dank versteckter Idyllen auf der schönen Insel auf jeden Fall.

Lolland

55 000 Einwohner

Traurig, aber wahr: Viele, viel zu viele Autourlauber lassen Lolland, nur wenige Kilometer nördlich von Fehmarn gelegen, unbeachtet links liegen und brausen schnell weiter in Richtung Kopenhagen. Schade eigentlich, denn Lolland besitzt durchaus seine Reize.

Radler etwa finden hier (und auch im benachbarten Falster) ideale Bedingungen vor: Die Insel ist absolut flach, deswegen aber mit Sicherheit nicht langweilig. So führt zum Beispiel ein gut ausgebauter Fahrradweg von **Rødby** bis an die westliche Spitze Lollands auf einem Deich entlang. Die beiden größeren Städte, **Maribo** und **Nakskov**, können mit sehr schönen Innenstadtkernen aufwarten.

Mit dem **Automobil Museum Ålholm**, das im ehemals als Räuberburg bekannten Schloss Ålholm untergebracht ist, und dem **Knuthenborg Safaripark** stehen zwei wirkliche Sehenswürdigkeiten hier auf Lolland. Es sollte auch nicht vergessen werden, dass rund um die Insel hervorragende Strände zu finden sind. Als kleine Idyllen für einen Tagesausflug bieten sich schließlich die Inseln **Fejø** und **Femø** an der Nordküste an.

Autoliebhaber finden im Ålholmer Automobil Museum, dem größten Europas, viele Schmuckstücke (→ S. 73).

Maribo

B 12, S. 120

11 000 Einwohner

Maribo, eines der reizvollsten dänischen Provinzstädtchen, ist herrlich am Søndersø gelegen. Hier steht auch der imposante Dom, zu seinen Füßen sind noch die Reste jenes Birgittiner-Klosters zu sehen, um das herum Maribo einst entstand. Man sollte sich die Zeit für einen Bummel durch die Altstadtgässchen nehmen. Unbedingt lohnend ist auch die kurze Fahrt zum Schloss Ålholm, das sich in der Nähe des alten Seehafens Nysted erhebt.

Hotels/andere Unterkünfte

Hvide Hus
Der nicht sonderlich attraktive Bau ist am Søndersø gelegen. Die Einrichtung ist modern und funktional.
Vestergade 32; Tel. 53 88 10 11,
Fax 53 88 05 22; 69 Zimmer ★★

Sehenswertes

Knuthenborg Safaripark
800 Tiere leben in diesem riesigen Park in freier Wildbahn. Man kann mit dem Wagen an Giraffen und Tigern vorbeifahren, die Kleinen können zur Abwechslung ins Spielland gehen oder den Streichelzoo besuchen. Natürlich wird auch für Essen und Trinken gesorgt. Der Park ist nördlich von Maribo bei Bandholm gelegen.
Tel. 53 88 80 88; 1. Mai–20. Sept.
tgl. 9–18 Uhr; Eintritt 60, Kinder 30 DKK

Museumsbahn
In den Sommermonaten verkehrt ein Museumszug von Maribo nach Bandholm und zurück. Fahrtdauer 30 Min. pro einfacher Strecke.
Maribo Station; Tel. 53 88 85 45; Juni–Aug.
So 10.40, 13.40, 15.40, Juni Do 10.40,
10.–25. Juli tgl. 13.40 und 15.40 Uhr;
Erwachsene 30, Kinder 15 DKK

Ålholm Automobil Museum
Unmittelbar am Wasser erhebt sich das mächtige Schloss Ålholm, das seit seinem Verkauf vor wenigen Jahren nicht mehr zugänglich ist. Das Inventar wurde 1996 in einer spektakulären Auktion versteigert. Weiterhin zugänglich ist jedoch das größte europäische Automobilmuseum mit über 200 Fahrzeugen. Zum Beispiel ein BMW 326 Saloon von 1938 oder ein Trabant von 1958 – oder auch die Spezialanfertigung eines Eisenbahnwaggons, mit dem der frühere dänische Außenminister herumzureisen pflegte.
Tel. 53 87 19 11; Juni–Aug. 10–16.30 Uhr;
Eintritt 50, Kinder 20 DKK

Museen

Lolland-Falsters Stiftsmuseum
Im vorigen Jahrhundert warb man in Polen Mädchen für die Arbeit auf den hiesigen Rübenfeldern an. Deren Geschichte sowie die Lokalhistorie werden hier dokumentiert.
Jernbanepladsen; Juni–Aug. Di–So 10–17,
Sept.–Mai Di–Sa 14–16, So 10–17 Uhr;
Eintritt 10 DKK, Kinder frei

Nakskov

F 8, S. 119

16 000 Einwohner

Ein idyllischer kleiner Hafenort. Rund um den Marktplatz gibt es sehr schöne Gassen, Theisens Kaufmannshof (1785) oder die alte Apotheke (1645) sind wahre architektonische Schmuckstücke.

Hotels/andere Unterkünfte

Skovridergaarden
Am nördlichen Stadtrand ruhig gelegener Kro. Die Zimmer sind einfach und sauber. Gute dänische Küche.
Svingelen 4; Tel. 53 92 03 55,
Fax 53 92 83 39; Internet: www.sima.dk/
skovridergaarden; 12 Zimmer ★

Die legendären Kreidefelsen

kennt fast jeder. Dafür sind aber viele andere ebenfalls sehenswerte Orte der Insel Møn bislang noch weitgehend unbekannt.

Møn

11 000 Einwohner

Noch von der imposanten Farø-Brücke über den Storstrømmen beeindruckt (für Radler gesperrt!), verpasst man fast die Ausfahrt auf die Insel **Bogø** und somit die Weiterfahrt zum südöstlichsten Zipfel Dänemarks, nach Møn. Der Name des so friedlich wirkenden Eilandes bedeutet »Mädchen« – angesichts der Schönheit der Natur ein passender Name. Viele Schriftsteller und Maler haben sich hier schon inspirieren lassen.

Die meisten Besucher der Insel drängt es nach der Ankunft gleich auf die andere Küstenseite, um schnell die berühmten **Kreidefelsen** zu erreichen. Dabei lohnt hier jederzeit ein Abstecher ins Hinterland. Etwa gleich hinunter in den idyllischen Hafenort **Vindebæk**, zu den interessanten **Ganggräbern** wie Grønsalen bei Fanefjord, zu den schier zahllosen Kunstgewerbe-Boutiquen, die sich quer über die Insel verteilen, hinauf zur Nordspitze **Ulvshale** (Naturschutzgebiet) mit ihrem sehr feinen Strand. Wer noch weiter, auf die verträumte Halbinsel **Nyord**, will, muss das Auto allerdings stehen lassen. Sehr schön auch die Hafenszenerie in **Klintholm Havn**. Die dort gelegene Fischräucherei ist ein idealer Ort für eine Rast. Ein frischer Fisch aus dem Rauch, dazu viel Salz und ein Bier – herrlich!

Møns leuchtend weiße Kreidefelsen erinnern an die auf Rügen und sind nicht minder bekannt.

Møns Klint ■ D 11, S. 121

Beliebt, umschwärmt und im Sommer hoffnungslos überlaufen. Møns Kreidefelsen sind ein Naturspektakel ohnegleichen. Auf über 100 m erheben sich die Felsen aus dem Meer. Das Weiß der Kreide wird an sonnigen Tagen noch weißer und folglich auch das Blau des Meeres noch blauer. Vom Parkplatz aus sind es noch einige hundert Meter auf sehr unebenen Wegen und steilen Treppen hinunter bis zum Meer. Schon hier wird deutlich, dass man unbedingt feste Schuhe anhaben sollte. Denn unten an der Brandung geht es über Steine und staubige Kreide. Man kann etwa zwei Stunden in nördlicher Richtung spazieren gehen, bevor eine Treppe hinauf zum Schlösschen **Liselund** geht. Ein Weg führt dann oberhalb der Felsen zurück. Für Wanderer, die weniger gut zu Fuß sind, zeigt bereits nach einer guten halben Stunde ein Weg wieder hinauf.

6

Die Kreide ist rund 75 Mio. Jahre alt. Meer und Wind haben vor ein paar Jahrtausenden die Klippen geformt. Noch heute sind sie diesen Einflüssen ausgesetzt. Ihnen fiel im Winter 1987/88 der damals höchste Fels Sommerspiret zum Opfer, er stürzte ins Meer. So ist heute der **Dronningestolen** (Königinnenstuhl) mit 128 m das Wahrzeichen dieser Felswand, die so sehr an die Kreidefelsen auf Rügen erinnert.

Hotels/andere Unterkünfte

Liselund Ny Slot M
Wer möchte nicht einmal stilgerecht in einem echten Schloss wohnen? Liselund Slot, unweit der Kreidefelsen gelegen, bietet nicht nur geschmackvolle Zimmer, sondern auch noch ein gutes Restaurant.

Das reizende strohgedeckte Schlösschen, im Jahre 1796 von einem französischen Grafen für seine Geliebte Lise errichtet, ist das einzige noch verbliebene von einst mehreren Gebäuden auf dem Anwesen – sie verschwanden eines Tages in den Fluten, als ein Teil der Klippen zusammenbrach.
Langebjergvej 6, Borre; Tel. 55 81 20 81, Fax 55 81 21 91; 15 Zimmer ★★

Stege ■ C 11, S. 120

6000 Einwohner

Die Hauptstadt der Insel. Eine Fußgängerzone fehlt, stattdessen führt die Hauptstraße durch den Ort. Schöner wird Stege in den Nebenstraßen, in denen die historische Bebauung noch erhalten ist, oder am Stadtgraben, der sich am Museum entlang windet. Man sollte dennoch nicht verschweigen, dass nicht Stege den Reiz der Insel ausmacht, sondern eingangs erwähnte Orte wie Nyord, Ulvshale oder Klintholm.

Museen

Møns Museum
Das Inselmuseum zeichnet die Geschichte der Insel von den ersten Steinzeitfunden bis heute nach. Besonders interessant sind die Gegenstände aus Møner Wohnungen.
Storegade 75; Di–So 10–16 Uhr; Eintritt 15 DKK, Kinder frei

Essen und Trinken

Præstekilde Kro & Hotel
Helle, gemütliche Räume, eine schöne Sicht über das Wasser und liebevoll zubereitete Speisen (Schwerpunkt Fisch) machen das Haus, zu dem auch ein komfortables Hotel (46 Zimmer ★★) gehört, zu den interessantesten kulinarischen Adressen der Insel. Gleich nebenan liegt Møns herrlicher Golfplatz.
Klintevej 116, Keldby; Tel. 55 86 87 88, Fax 55 81 36 34; Internet: www.praestekilde.dk; tgl. 7–23 Uhr ★★★

Der touristische Magnet der Insel Seeland ist zweifellos Kopenhagen, doch im Schatten der Hauptstadt haben sich auch viele andere Städte prächtig entwickelt.

Seeland

2,2 Mio. Einwohner

Seeland ist nicht Kopenhagen, und dennoch wird die Insel oft genug mit der Hauptstadt gleichgesetzt. **Kopenhagen** steht für touristische Attraktionen wie die Kleine Meerjungfrau und den Tivoli, die Schlösser Amalienborg und Christiansborg, die Ny Carlsberg Glyptotek und das Statens Museum for Kunst. Aber auch für herrliche Shopping-Möglichkeiten, für erstklassige Restaurants und einen freisinnigen Geist, symbolisiert in der Duldung des Freistaates Christiania.

Tatsächlich aber bietet Seeland sehr viel mehr. Man denke nur an **Helsingør** im Norden, die strategisch so günstig am Øresund gelegene Stadt mit Hamlets Schloss. Der Norden ist schon immer der Lieblingsplatz der Könige gewesen; prunkvolle Schlösser, große Wälder und herrliche Strände prägen folglich Nordseeland.

Die Mitte der Insel findet hingegen nur wenig Beachtung. **Slagelse, Ringsted** und **Holbæk** locken höchstens Tagesbesucher, einzig **Sorø** und natürlich das altehrwürdige **Roskilde** mit Dom und Wikingermuseum gelten als Schmuckstücke. Der Süden mit **Næstved** und **Vordingborg** ist sicherlich ebenso eine Stippvisite wert wie der Osten mit **Fakse** und **Stevns Klint.**

Seinen Inselstatus verliert Seeland derzeit. Im Westen ist die Brückenverbindung nach Fünen fertig gestellt, im Osten ist die nach Schweden im Jahre 2000 vollendet worden. Seither ist Seeland zusammen mit dem schwedischen Skåne auf dem besten Weg, eines der großen wirtschaftlichen Zentren Europas zu werden.

Der Dom von Roskilde ist die letzte Ruhestätte der dänischen Monarchen (→ S. 93).

Fakse

■ C 11, S. 120

12 000 Einwohner

Die beiden Kopenhagener Großbrauereien Carlsberg und Tuborg schmücken sich auf ihren Etiketten mit dem Zusatz, Lieferant des königlich dänischen Hofes zu sein. Die Faxe Brauerei ist, laut Eigenwerbung, stolz, Lieferant des dänischen Volkes zu sein.

Das, und natürlich die Qualität von Bier und Brause, haben die Brauerei, und gleichzeitig den Ort, weit über die Landesgrenzen hinaus berühmt gemacht. Dabei waren viele Jahre zuvor die Kalkgruben wirtschaftlich sehr viel wichtiger. Einen imponierenden Blick auf diese haben Sie, wenn Sie den Stationsvej (gegenüber der Brauerei) ein kleines Stück hoch gehen.

Sehenswertes

Faxe Bryggeri
Wenn Sie sehen wollen, wie das entsteht, was bald darauf durch Ihre Kehle rinnt, dann können Sie während der dänischen Schulferien die Brauerei besichtigen.
Nørregade; Tel. 53713700; 19. Juni–8. Aug. und 18.–22. Okt. Mo–Do 10, 11, 13–15, Fr 10, 11 Uhr jede volle Stunde Führung

Helsingør

■ D 9, S. 121

57 000 Einwohner

Die Stadt Hamlets und der Schweden. Ersterer soll einst im Kronborg Slot die berühmten Worte »Sein oder Nichtsein« gesprochen haben, zumindest wenn man dem englischen Schriftsteller William Shakespeare glauben mag.

Zweitere fallen tagtäglich in Massen und im Minutentakt mittels kleinerer Fährschiffe in die Stadt ein, um günstiger als daheim einzukaufen. Das gilt vor allem für Alkohol, der für deutsche Maßstäbe zu astronomischen, für schwedische aber zu Schleuderpreisen verkauft wird.

Doch man sollte sich nicht schrecken lassen. Das Zentrum Helsingørs ist recht hübsch, einige Sehenswürdigkeiten locken. Und vielleicht wollen Sie ja selbst noch kurz das nur 25 Fährminuten entfernte Schweden besuchen?

Sehenswertes

Kronborg Slot
Einst mussten all jene, die zu den reichen Fanggründen der Ostsee wollten, hier ihren Zoll entrichten. Aus der Zollstation wurde 1577 ein Schloss, das 1629 in weiten Teilen abbrannte. Das noch prächtigere Nachfolge-Schloss wurde von den Schweden zerstört, und dass das Gebäude seit 1785 etwa 140 Jahre lang als Kaserne diente, hat ihm auch nicht gut getan.

Heute präsentieren sich dem Besucher allerdings herrliche, großzügige Säle. Besondere Beachtung verdienen der Rittersaal (63 x 11 m), der Königssaal mit Gobelins aus den 1580ern sowie die Zimmer von König und Königin mit ihren bemalten Decken. Der Gang durch die finsteren **Kasematten** (festes Schuhzeug!) führt am Sagenhelden **Holger Danske** vorbei, der, so will es die Sage, bei Gefahr erwachen und Dänemark verteidigen wird. Die gruselige Atmosphäre des Schlosses war schon unzählige Male perfekte Kulisse für Hamlet-Inszenierungen. Sehr schön ist auch die kleine Kirche. Im Nordflügel finden Sie zudem das **Seefahrtsmuseum** mit einer interessanten Dokumentation der dänischen See- und Handelsgeschichte in den letzten 600 Jahren.
Mai–Sept. tgl. 10.30–17, Nov.–März Di–So 11–15, April, Okt. Di–So 11–16 Uhr; Eintritt 25–55, Kinder 10–20 DKK (je nach Besuchsumfang)

Essen und Trinken

Jan Hurtigkarl & Co. M M
Die ca. 10 km auf der Straße 237 Richtung Gilleleje lohnen sich. Bei Jan Hurtigkarl wird in gediegener und gemütlicher Atmosphäre hervorragende Küche zelebriert. Und während man das reichhaltige Abendmenü für 220–375 DKK genießt (hervorragender Fisch!), kann man den Blick von der Terrasse über das Wasser Richtung Schweden schweifen lassen.
Nordre Strandvej 154, Ålsgarde; Tel. 42 70 90 03; Di–So 12–16 und 18–22 Uhr ★★★

Hillerød

■ C 9, S. 120

35 000 Einwohner

Bevor König Frederik II. im Jahre 1560 hier den Kauf eines Gutes erwog, bestand Hillerød nur aus einigen wenigen Bauernhöfen. Bald avancierte die Stadt zu einem blühenden Marktflecken – der Grund war **Schloss Frederiksborg**, auch heute noch die Hauptattraktion.

Sehenswertes

Danmark Nationalhistoriske Museum/Schloss Frederiksborg
Grandios erhebt sich Schloss Frederiksborg über den Schlosssee. Christian IV. ließ Anfang des 17. Jh. hier das Bauwerk entstehen, zu dem auch ein prächtiger Kirchenflügel gehört. Bis 1840 wurden hier alle Könige gekrönt. 1859 vernichtete ein Brand einen Großteil des Gebäudes. Der Wiederaufbau stand dann bereits unter dem Vorhaben, hier das dänische Geschichtsmuseum einzurichten. So spaziert man heute durch traumhaft schöne Innenräume und lernt zugleich die dänische Historie kennen. Der Barockgarten wurde 1996 wieder eröffnet.
April–Okt. tgl. 10–17, Nov.–März tgl. 11–15 Uhr; Eintritt 45, Kinder 10 DKK

Oben: Der dänische Nationalheld Holger Danske ruht in den Katakomben von Schloss Kronborg (→ S. 78).

Mitte: Das Renaissanceschloss Frederiksborg in Hillerød liegt auf drei Inseln in dem kleinen Frederiksborg-See (→ S. 78).

Unten: Skandinavische Wohnkultur wird bei Illums Bolighus in Kopenhagen präsentiert (→ S. 87).

Holbæk

B 10, S. 120

32 000 Einwohner

Herrlich im Nordwesten der Insel am Isefjord gelegen. Holbæk präsentiert sich modern und geschäftig – die Stadt hat eine bedeutende industrielle Entwicklung erfahren. Das historische Holbæk ist im Museumskomplex neben der Kirche zusammengetragen worden. Die zahlreichen Strände entlang des Fjords locken im Sommer viele Feriengäste an.

Sehenswertes

Tuse Kirke
Westlich der Stadt im Ort Tuse warten auf den Besucher der Kirche einzigartige Wandmalereien. Das Werk des »Isefjordmeisters« zeigt Geschichten aus der Bibel in drastischen, beinahe überschwänglichen Formen und Farben. Auch wer sich sonst nicht für Kirchenmalerei interessiert, sollte unbedingt einmal hierher fahren.

Museen

Andelslandsbyen »Nyvang«
Ähnlich wie in Lejre und Hjerl Hede wird auch hier eine wahrheitsgetreue Darstellung historischer Arbeits- und Lebensweisen versucht. Hier geht es um die Zeit 1880–1950. In allen Häusern wird gearbeitet wie damals.
Oldvejen 25, Nyvang; April–Okt. tgl. 9–16, Nov.–März Di–Fr 9–14 Uhr; Eintritt 20, Kinder 10 DKK

Zone Museet
Das Zone-Rettungskorps konkurrierte jahrelang mit der Firma Falck. Letztere gewann den Kampf um die zu rettende Kundschaft, Zone gab 1963 auf. Dieses originelle Museum dokumentiert anhand alter Räume und Fahrzeuge dessen Geschichte.
Skytensvej 2; Di–Fr 9–15, Mai–Okt. auch So 11–15 Uhr; Eintritt 30, Kinder 15 DKK

Humlebæk

D 9, S. 121

5000 Einwohner

Abgesehen von dem weltbekannten Museum Louisiana hat der kleine Ort zwischen Kopenhagen und Helsingør nicht viel zu bieten.

Museum

Louisiana Museum 3
Erst 1958 wurde dieses Museum eröffnet, doch bereits heute besitzt es einen weltweit hervorragenden Ruf. Es ist das Mekka der modernen Kunst, ob Warhol oder Baselitz, Giacometti oder Picasso – alles was Rang und Namen hat, findet sich in diesem sehr imponierenden Komplex. Hinzu kommt die eindrucksvolle Lage direkt am Øresund. Im Garten lässt sich herrlich pausieren, von der Terrasse der Cafeteria hat man einen weiten Blick hinüber nach Schweden. Und wohl kein anderes dänisches Museum zeigt sich in seinem Shop so verkaufstüchtig wie dieses.
Gl. Strandvej 13; tgl. 10–17, Mi 10–22 Uhr; Eintritt 60, Kinder 20 DKK

Kalundborg

F 6, S. 119

20 000 Einwohner

Der moderne Industriehafen sollte Sie nicht vom Besuch der Stadt abhalten, findet sich hier doch ein sehr schön erhaltenes Zentrum. Uraltes Kopfsteinpflaster und fotogenes Fachwerk reihen sich rund um die Kirche.

Sehenswertes

Vor Frue Kirke
Schon von weitem ist diese beeindruckende Kirche erkennbar. Bemerkenswert sind der Grundriss in Form eines griechischen Kreuzes und die fünf hohen Türme. Eine solche Anlage gibt es in Dänemark kein zweites Mal.

Museen

Kalundborg Og Omegns Museum
Zum Schutz der Stadt existierte hier einst eine Festung, von der aber nur noch hier und da spärliche Reste zu erkennen sind. Wer sich für das einstige Stadtbild und die Kultur der Umgebung interessiert, ist hier richtig.
Adelgade 23; Mai–Aug. 11–16, Sept.–April Sa, So 11–16 Uhr; Eintritt 10, Kinder 5 DKK

Kopenhagen ■ D 10, S. 121

500 000 Einwohner
Stadtplan → Klappe hinten

Dänemarks Hauptstadt besitzt ein einmaliges Flair, die ganze Stadt scheint ständig in Bewegung zu sein, dennoch wirkt Kopenhagen nie hektisch. Toleranz wird an jeder Ecke spürbar, Weltläufigkeit und gleichwohl die Sehnsucht nach Geborgenheit. Aus allen Ecken der Erde strömen im Sommer die Besucher in die Stadt, pilgern zum Tivoli, zur Kleinen Meerjungfrau, durch die Strøget (die Fußgängerzone), in eines der zahllosen Museen oder wandern ziellos durch die Gassen der Stadt. Wie oft man auch in diese Stadt kommt, immer entdeckt man Neues.
Ausführlichere Informationen finden Sie im MERIAN *live!*-Band »Kopenhagen«.

Hotels/andere Unterkünfte

Das offizielle Hotelverzeichnis listet für Kopenhagen fast 100 Hotels auf, sehr viele davon liegen unmittelbar westlich des Hauptbahnhofes. Hotelübernachtungen sind in Kopenhagen kein billiges Vergnügen. Das gilt insbesondere für die SAS-Hotels, das Nyhavn 71 und das berühmte d'Angleterre, die allesamt in der Luxusklasse anzusiedeln sind. Um die Orientierung zu erleichtern, hier eine Auswahl aus der moderateren Kategorie.

Absalon Hotel ■ b 5/b 6
Eines der besten und beliebtesten Mittelklassehotels der Hauptstadt. Gut ausgestattete Zimmer, einfaches, aber vernünftiges Frühstücksbuffet und drei Gehminuten zum Hauptbahnhof, zehn bis zur Strøget.
Helgolandsgade 15; Tel. 33 24 22 11, Fax 33 24 34 11; Internet: www.absalon-hotel.dk; 253 Zimmer ★★★

Cab Inn Scandinavia ■ a 3
Die günstigste und in dieser Kategorie angenehmste Unterkunftsmöglichkeit. Die Zimmer sind klein, sehr sauber, funktional eingerichtet (u. a. mit Tauchsieder), besitzen Fernseher und Dusche. Nahe des Cab Inn Scandinavia befindet sich im Danasvej 32 noch das Cab Inn Copenhagen (Tel. 31 21 04 00, Fax 31 21 74 09) mit gleicher Ausstattung. Behindertenfreundlich. 15 Minuten ins Zentrum.
Vodroffsvej 57; Tel. 35 36 11 11, Fax 35 36 11 14; Internet: www.cab-inn.dk; 201 Zimmer ★

Danmark ■ c 5
Ein gutes Hotel, das nur zwei Minuten vom Rathausplatz entfernt liegt. Moderne und funktionale Zimmer.
Vester Voldgade 89; Tel. 33 11 48 06, Fax 33 14 36 30; 51 Zimmer ★★

Mercure Richmond ■ b 4
Sehr beliebtes wie belebtes, modernes Hotel, nur wenige Minuten vom Rathausplatz entfernt.
Vester Farimasgade 33; Tel. 33 12 33 66, Fax 33 12 97 17; Internet: www.phg.dk; 127 Zimmer ★★

Missionshotellet Ansgar ■ b 6/c 6
Einfache und moderne Zimmer in diesem Hotel an der Rückseite des Bahnhofes. Freundliches Personal und gutes Frühstück.
Colbjørnsensgade 29; Tel. 31 21 21 96, Fax 31 21 61 91; Internet: www.ansgar-hotel.dk; 87 Zimmer ★

Park Hotel ■ c 4

Hier werden Erinnerungen an die gute alte Zeit spürbar, gepflegte Nostalgie. Die Zimmer sind ordentlich, der Lärm des vorbeiführenden Boulevards kaum wahrnehmbar. Und zur Strøget sind es drei Minuten!

Jarmers Plads 3; Tel. 33 13 30 00, Fax 33 14 30 33; 61 Zimmer ★★

Savoy Hotel ■ b 5

Leicht versteckt liegendes Hotel an der Vesterbrogade. Im Innenhof lässt es sich herrlich frühstücken.

Vesterbrogade 34; Tel. 33 26 75 00, Fax 33 26 75 01; 66 Zimmer ★★

Spaziergang

Startpunkt ist der Rathausplatz. Es geht hinein in die Fußgängerzone **Strøget**. Nach einer Weile halten wir uns links in die kleine Straße Jorks Passage und hin zum Frue Plads. Dort rechts in die Store Kannikestræde, stoßen Sie dann auf die Købmagergade und können sich links auf den **Runden Turm** begeben, um zunächst einen Überblick über die Stadt zu bekommen.

Von hier weiter in die Straße Landemærket, über die Gothersgade hinein in den **Königlichen Garten** (Kongens Have). Links ist Schloss Rosenborg erkennbar. Am Ende des Gartens rechts in die Sølvgade, links in die Borgergade, rechts in die Hindegade, dann erkennen Sie rechts die Marmorkirche. An ihr vorbei links in die Bredgade und durch den Churchillpark zu Kleinen Meerjungfrau.

Zurück immer am Wasser entlang, an der Abgusssammlung vorbei bis **Schloss Amalienborg**. Am Ende der Amaliegade links und gleich rechts in die Toldbodgade. Nun sind Sie in **Nyhavn** und können sich in einem der zahllosen Cafés oder Kneipen ausruhen. Über Nyhavnsbro, Holbergsgade und Holmens Kanal erreichen Sie unweigerlich **Schloss Christiansborg**. Weiterhin quasi geradeaus und somit am Schloss vorbei. Über Kongensgade oder Ny Vestergade auf die Vester Voldgade, dort rechts am **Nationalmuseum** vorbei und wieder auf den Rathausplatz.

Sehenswertes

Bakken

Während die Touristen in den Tivoli strömen, gehen die Dänen eher zum Bakken (offiziell Dyrehavsbakken). Ein riesiger Jahrmarkt mit Buden, Karussells, 30 Restaurants und viel Livemusik. Der Park liegt nördlich in Klampenborg.

Dyrehavevej 62, Klampenborg; April–Aug. tgl. 14–0 Uhr; Eintritt frei

MERIAN-Tipp

Museum Erotica Unmittelbar in der Fußgängerzone lockt das »Erotische Museum«. Auf mehreren Etagen werden erotische Darstellungen in der Kunst ebenso gezeigt, wie über das Liebesleben Prominenter spekuliert wird. Die Geschichte der Prostitution und der Pornographie in Dänemark wird anschaulich erklärt, gleichgeschlechtliche Liebe ist ebenso ein Thema wie sexuelle Weltrekorde. Schließlich werden auf mehreren Bildschirmen gleichzeitig verschiedene Pornofilme gezeigt, wodurch deren dumpfe Machart bewiesen wird. Købmagergade 24; Mai–Sept. tgl. 10–23, Okt.–April tgl. 11–20 Uhr; Eintritt 65 DKK ■ d 3/d 4

Kleine Meerjungfrau ■ f 1
Fürwahr klein und zierlich hockt sie da am Wasser, von den Massen bestaunt. Bei den Dänen heißt sie übrigens nur »Kleine Meerfrau« (Lille Havfrue). 1913 wurde sie, ihr geistiger Vater ist H. C. Andersen, von dem Bildhauer Edvard Eriksen gestaltet. In der Zwischenzeit sägte man ihr den Kopf und einen Arm ab und übersprühte sie mehr als einmal mit Farbe. Doch sie wurde immer wieder gekonnt restauriert.
Langelinie

Nyhavn ■ e 3/f 4
Einmal abgesehen von der Kleinen Meerjungfrau und dem Tivoli, ist Nyhavn der Inbegriff von Kopenhagen. Direkt am Hafen kann man sich draußen Kaffee oder Bier schmecken lassen, die Häuser wirken äußerst gepflegt, die Stimmung ist ausgelassen. Im Hochsommer wird es hier voll.

Rundetårn/Runder Turm ■ d 3
Kopenhagen von oben. Man geht einen 200 m langen, stufenlosen Gang hinauf, um dann einen sehr schönen Blick über die Innenstadt zu genießen.
Købmagergade 52 a; Juni–Aug. Mo–Sa 10–20, So 12–20, Sept.–Mai Mo–Sa 10–17, So 12–17 Uhr; Eintritt 15, Kinder 5 DKK

Schloss Amalienborg ■ e 3
Das königliche Schloss ist nur von außen zu besichtigen, Höhepunkt ist die Wachablösung mittags um 12 Uhr (→ Foto S. 11).
Amalienborg Plads

Schloss Christiansborg ■ d 5
Der Stadtgründer Absalon legte hier 1167 den Grundstein für ein erstes Schloss, dessen Ruinen im Keller des heutigen Schlosses zu besichtigen sind. Hier sind heute das dänische Parlament (Folketing), der oberste Gerichtshof und die königlichen Repräsentationsräume untergebracht. Bei den Führungen werden die meisten Räume geöffnet.
Christiansborg Slotsplads
Schloss und Ruine:
Di–Fr, So 9.30 und 15.30 Uhr; Eintritt 20, Kinder 5 DKK
Königliche Räume:
Geführte Rundgänge Juni–Aug. 11, 13, 15, Mai, Sept. 11, 15, Okt.–April Di, Do, Sa, So, Fr 11, 15 Uhr; Eintritt 37, Kinder 10 DKK

Tivoli ■ c 5
1843 wurde der Tivoli auf dem Gelände der ehemaligen Festungs- und Wallanlagen eröffnet, heute ist er der Inbegriff eines Vergnügungsparks. 25 große Attraktionen (Berg- und Talbahn, Der Fliegende Koffer, Ballonschaukel etc.) und stolze 28 Restaurants säumen das Gelände gleich gegenüber dem Hauptbahnhof. Hinzu kommen Freilichtbühne, Konzertsaal und Pantomimentheater. Für den Tivoli sollte man einen ganzen Tag einplanen, so viel ist hier zu erleben. Mittwochs, freitags und samstags gibt es um 23.45 Uhr ein großartiges Feuerwerk. Außer dem Eintritt ist noch für die Benutzung jeder Attraktion zu zahlen (ca. 8 DKK, Rabattkarten).
Vesterbrogade 3; Mitte April–Mitte Sept. So–Mi 11–0, Do–Sa 11–1 Uhr; Eintritt 39, Kinder 20 DKK, Mitte Juni–Mitte August 49, Kinder 25 DDK

Tycho Brahe Planetarium ■ b 5
Vom nahe dem Bahnhof gelegenen Planetarium kann man den Sternenhimmel beobachten oder im Omnimax-Kino eindrucksvolle Reisen in den Weltraum unternehmen. Karten für die Filme (65–100 DKK) sollte man vorausbestellen, die Reservationsgebühr beträgt weitere 15 DKK.
Gl. Kongevej 10; Mo, Mi, Fr, Sa, So 10.30–21, Di, Do 9.45–21 Uhr; Eintritt 15, Kinder 10 DKK

Vor Frelsers Kirke ■ f 5

Bei gutem Wetter sollte man unbedingt zu dieser Kirche (Erlöserkirche) marschieren, die 400 Stufen hinaufgehen und dann den tollen Blick über die Stadt genießen.

Sankt Annægade 29; März–Aug. tgl. 9–16.30, Sept.–Nov. tgl. 9–15.30, Dez.–Feb. tgl. 10–14 Uhr; Eintritt für Turm 20, Kinder 10 DKK

Museen und Galerien

Arken südlich ■ f 6

Ein gewagter Entwurf ist das Gebäude, das sich da südlich von Kopenhagen aus den Dünen erhebt, schon. Im Inneren helle Räume, in denen in Wechselausstellungen moderne Kunst gezeigt wird. Ein gelungener Gegenentwurf zu Louisiana nördlich der Stadt.

Skovvej 100, Ishøj Strandpark; Di, Do–So 10–17, Mi 10–21 Uhr; Eintritt 50, Kinder 20 DKK

Den Hirschsprungske Samling ■ d 1

Eine geschmackvoll aufgebaute Übersicht über die dänische Kunst des 19. und frühen 20. Jh. Vertreten sind u. a. die Skagen- und die Fünen-Maler. Am Botanischen Garten gelegen.

Stockholmsgade 20; Mo, Do–So 11–16, Mi 11–21 Uhr; Eintritt 25 DDK, Kinder frei

Louis Tussaud's Wax Museum ■ c 5

Wie im Londoner Vorbild stehen hier die Wachsmodelle berühmter Personen.

H. C. Andersen Boulevard 22; 24. April–15. Sept. tgl. 10–22, sonst 10–18 Uhr; Eintritt 65, Kinder 25 DKK

Nationalmuseum ■ d 5

Welche Frage Sie auch immer zur dänischen Geschichte haben, hier wird sie beantwortet. Eine eindrucksvolle Schau von Dänemarks Vorgeschichte bis heute. Angeschlossen ist ein tolles Kindermuseum, in dem die Kleinen in alte Kostüme schlüpfen, sich auf eine Schulbank von 1900 setzen oder per Zeitmaschine in die Wikingerzeit »reisen« können.

Ny Vestergade 10; Di–So 10–17 Uhr; Eintritt 40 DKK, Kinder frei, Mi freier Eintritt

Ny Carlsberg Glyptothek ■ c 5

Eine sehr eindrucksvolle Sammlung klassischer Skulpturen, französischer Impressionisten und dänischer Romantiker. Die Reichhaltigkeit der Sammlung und die bestechende Optik mit Säulen, riesigen Treppen und dem herrlichen Garten macht sie zum Muss eines Kopenhagen-Aufenthaltes.

Dantes Plads 7; Di–So 10–16 Uhr; Eintritt 30 DKK, Mi, So frei

Ripley's Believe It or Not! ■ c 4

Sicherlich das ungewöhnlichste Museum der Stadt. Hier sind Skurrilitäten aus aller Welt zusammengetragen, u. a. ein Kalb mit sechs Beinen, Schrumpfköpfe aus Übersee, allerkleinste, nur unter dem Mikroskop zu erkennende Bilder, Dokumente über erste Versuche des Flugzeugbaus und die Bezwingung der Niagara-Fälle und noch mehr Absonderlichkeiten, die man glauben kann oder eben nicht.

Rådhuspladsen 57; Juni–Aug. tgl. 9.30–22.30, Sept.–Mai tgl. 10–18, Sa 10–20 Uhr; Eintritt 65, Kinder 33 DKK

Statens Museum for Kunst ■ d 2

Der großzügige Anbau im Jahre 1998 stieß bei Dänemarks Architekturkritikern mehrheitlich auf Ablehnung. Hohe weiße Wände, sehr direktes Licht und eine miserable Ausschilderung sollten Sie dennoch nicht abhalten, sich diese Sammlung anzusehen.

Sølvgade 48–50; Di, Do–So 10–17, Mi 10–20 Uhr; Eintritt 40 DKK, Kinder frei, Mi freier Eintritt

Thorvaldsens Museum ■ d 4
Wer sich für Skulpturen zu begeistern vermag, muss unbedingt diese Sammlung besuchen. Thorvaldsens (1770–1844) Arbeiten gehören zur europäischen Sonderklasse. Aber auch das Museumsgebäude selbst ist schon ein Kunstwerk.
Porthusgade 2; Di–So 10–17 Uhr;
Eintritt 20 DDK, Kinder frei

Essen und Trinken

Natürlich besitzt auch Kopenhagen eine Vielzahl an Restaurants, nachfolgend nur eine kleine Auswahl. Wer lieber aufs Geratewohl losgeht, wird am ehesten rund um den Grabrødre Torv und am Nyhavn fündig. Tagsüber sind die Restaurants der Warenhäuser empfehlenswert.

Restaurants

Gammel Mønt M M ■ d 3
Kleines, eher exklusives Restaurant in der City. Empfehlenswert ist das viergängige Fischmenü (395 DKK).
Gammel Mønt 41; Tel. 33 15 10 60;
Mo–Sa 11.30–0 Uhr ★★★

Ida Davidsen M M M ■ e 2
Vor 100 Jahren wurden hier die fantasievollen Smørrebrøder kreiert. Und wer diese Brote einmal so richtig in allen Varianten genießen will, sollte an die »Quelle« zurückkehren.
St. Kongensgade 70; Tel. 33 91 36 55;
Mo–Fr 9–17 Uhr ★★

Kamel's Spisehus westlich ■ a 5
Ein schlichter, heller Raum, südfranzösische Atmosphäre, dänisch-französische Küche mit einem Hauch Nordafrika, sehr freundlicher Service und moderate Preise. Das Restaurant liegt außerhalb der üblichen Routen und wird fast ausschließlich von Kopenhagenern besucht.
Sundevedsgade 4; Tel. 33 25 32 41;
tgl. 17.30–24 Uhr ★★

Kommandanten ■ e 3
Sehr geschmackvoll und edel eingerichtetes Restaurant mit dänisch-französischer Küche und zwei Michelinsternen. Blickfang ist Andy Warhols Porträt der Königin. Reservieren!
Ny Adelgade 7; Tel. 33 12 09 90;
Mo–Fr 12–14.30 und 17.30–22,
Sa 17.30–22 Uhr ★★★★

Krogs Fiskerestaurant ■ d 4
Eines der Kopenhagener Vorzeige-Restaurants mit exklusiver Fischküche in historischem Ambiente. Blick auf das Parlament.
Gammel Strand 38; Tel. 33 15 89 15;
Mo–Sa 11.30–16, 17.30–22.30 Uhr
★★★★

Leonore Christine ■ e 3
Das nach einer dänischen Königstochter benannte Restaurant befindet sich im ältesten Gebäude am Nyhavn (1681). In geschmackvollem Blau ausgestaltet, wird hier dänisch-französische Küche auf höchstem Niveau geboten.
Nyhavn 9; Tel. 33 13 50 40;
Mo–Sa 12–15, 18–22 Uhr ★★★

Le Sommelier ■ e 2
Dieses Haus setzt Maßstäbe, denn nicht nur die südfranzösische Küche ist allererste Klasse, sondern auch die Vielzahl an offenen Weinen ist vorbildlich. Nicht vergessen werden sollte auch die Digestif- und Zigarrenauswahl.
Bredgade 63–65; Tel. 33 11 45 15;
Mo–Fr 12.30–24, Sa 17.30–24 Uhr ★★★

Peder Oxe ■ d 4
Beileibe kein Geheimtipp mehr, sondern seit Jahren beständig gute Fleisch- und Fischgerichte (je nach Marktlage) und somit gut besucht. Aufgrund seiner Beliebtheit unbedingt vorbestellen.
Gråbrødre Torv 11; Tel. 33 11 00 77;
tgl. 11.30–1 Uhr ★★★

Sporvejen ■ d 4
Burger-Kultur vom Feinsten. Neun verschiedene Varianten warten auf die Kundschaft, vom Knoblauch-Burger mit Muscheln bis zum Hähnchen-Burger mit Ananas und Chutney.
Grabrødre Torv 17; Tel. 33 13 31 01; tgl. 11–23 Uhr ★

Upalis ■ e 3
Upali Wedage kommt zwar aus Sri Lanka, die in der Nähe des Nyhavn angebotene Küche ist jedoch eher dänisch-französisch orientiert. Hervorragende, immer frische Zutaten und viel Fantasie in der Zusammenstellung der Mahlzeiten führen zu einem bemerkenswert guten Preis-Leistungs-Verhältnis.
Store Strandstræde 21; Tel. 33 14 54 88; Mo–Fr 11–23, Sa 18–23 Uhr ★★

Cafés

Café Dan Turell ■ d 3
Wenn ein Café schon nach einem Schriftsteller benannt wird (→ MERIAN-Lesetipp, S. 10), findet sich auch schnell die Kultur-Szene ein. Seit Jahren schon einer der In-Plätze der Stadt, gutes Chili.
St. Regnegade 3–5; Tel. 33 14 10 47; Mo, Di 9–24, Mi 9–1, Do 9–2, Fr, Sa 9–4 Uhr ★

Café Sommersko M ■ d 3
Vermutlich gibt es gemütlichere Cafés, aber das gute Frühstück sowie preiswerte kleinere Gerichte ziehen die eher jüngeren Massen an.
Kronprinsensgade 6; Tel. 33 14 81 89; Mo–Mi 8–24, Do–Fr, 8–2, Sa 9–2, So 10–24 Uhr ★

Krasnapolsky ■ c 4
Seit Jahren eines der In-Cafés der jüngeren Leute in unmittelbarer Nähe der Fußgängerzone.
Vestergade 10; Tel. 33 32 88 00; Mo–Mi 10–2, Do 10–4, Fr, Sa 10–6, So 14–24 Uhr ★

Einkaufen

Antiquitäten
Die parallel zur Strøget verlaufenden Straßen Kompagnistræde und Læderstræde werden allgemein als »Strædet« bezeichnet. Hier finden Sie sehr viele Antiquitätengeschäfte. Ebenso im vorderen Teil der Bredgade (e 3) und jenseits der Seen in der Ravnsborggade (b 2).

Bücher
Kopenhagens Buchstraße ist die **Fiolstræde** (c 3) die von der Strøget abzweigt. Hier finden Sie auch zahlreiche Antiquariate. Größte Buchhandlung ist Buschk (Købmagergade/Skindergade), einen Blick wert der Keller mit billigen Büchern im Biblioteksboghandel (Kultorvet). Der Anteil englischsprachiger Bücher, v. a. im Kunstbereich, ist groß.

Flohmarkt ■ c 3
Von Anfang Mai bis Ende Oktober finden jeden Samstag von 7 bis 14 Uhr auf dem Israels Plads und am Gammel Strand Flohmärkte statt.

Mode
In den beiden großen Warenhäusern Illum und Magasin du Nord (→ unten) finden Sie Shop-in-Shop-Boutiquen aller großen Marken, auch der skandinavischen. Einige von ihnen besitzen zudem in der Østergade (Teil der Fußgängerzone) noch Flagship-Stores, so zum Beispiel Bison, Red/Green und Sand.

Porzellan

Royal Copenhagen ■ d 4
→ MERIAN-Tipp, S. 104

Warenhäuser

Illum ■ d 4
Mitten in der Fußgängerzone gelegen. Hier findet man alle wichtigen Modemarken, Glas und Porzellan etc.

Ein hervorragender Querschnitt gerade durch das dänische Design. Im obersten Stockwerk kann man zudem in verschiedenen Lokalen essen.
Østergade 52

Magasin du Nord ■ e 3
Nahe der Fußgängerzone platziert. Auch hier Lifestyle auf mehreren Etagen, dazu eine sehr gute Food-Abteilung. Gilt aufgrund seiner Auswahl als bestes skandinavisches Kaufhaus.
Kongens Nytorv

Wohnkultur

Illums Bolighus M ■ d 4
Wie man sich das Wohnen in Skandinavien verschönert, sieht man in diesem eindrucksvollen Geschäft. Ob Weinglas, Badehandtuch oder Teppich: Wohnkultur vom Feinsten.
Amagertorv 10

Am Abend

Freuds ■ d 3
130 verschiedene Cocktails können Sie hier probieren. Am Wochenende proppevoll, weswegen der Türsteher dann schon mal den Zutritt verweigern muss.
Gothersgade 19; Tel. 33 11 11 70; Do–Sa 22–5 Uhr

Jazz House ■ d 4
Kopenhagen ist die Stadt des Jazz, und hier ist das Mekka aller Jazz-Liebhaber. Fast täglich Livemusik, am Wochenende auch Disco.
Niels Hemmingsens Gade 10; Tel. 33 15 26 00; So–Mi 18–24, Do–Sa 18–5 Uhr

La Fontaine ■ c 5
Jazz vom Allerfeinsten, auch der Jazz-Nachwuchs probiert sich hier gerne aus. Und später wird auf die CD umgestellt. Relaxte Atmosphäre.
Kompagnistræde 11; Tel. 33 11 60 98; tgl. 20–6 Uhr

Woodstock ■ c 4
Disco mit lockerer, ungezwungener Atmosphäre, keine Kleiderordnung, aus dem Lautsprecher dröhnen Oldies.
Vestergade 12; Tel. 33 11 20 71; Do 21–5, Fr, Sa 22–5 Uhr

Service

Københavns Turistinformation ■ c 5
Bernstorffsgade 1, 1577 København V; Tel. 33 11 13 25 (Touristeninformation), 33 12 28 80 (Hotelbuchung); Internet: www.visitcopenhagen.dk
Hier, aber auch in vielen Geschäften, bekommen Sie den Veranstaltungskalender »Copenhagen this week«.

Use it ■ d 5
Wendet sich in erster Linie an Jugendliche, die Rat in Kopenhagen suchen, vermittelt auch Zimmer.
Rådhusstræde 13; Tel. 33 15 65 18; Mitte Juni–Mitte Sept. tgl. 9–19, sonst Mo–Do 10–16, Fr 10–14 Uhr

Copenhagen Card
Mit dieser Karte können Sie nicht nur für eine bestimmte Zeit im Großraum Kopenhagen kostenlos mit Bus und Bahn fahren, sondern haben dann auch noch freien Eintritt in verschiedene Museen in und im Großraum Kopenhagen. Die Karte gilt ein bis drei Tage und kostet 155–320 DKK, für Kinder die Hälfte.

Rundfahrten
Äußerst praktisch sind die roten Sightseeing-Busse, die von Mai bis September täglich zwischen 11 und 17 Uhr unterwegs sind. Man kann ein- und aussteigen, wo man will. Preis 300 DKK. Infos in der Touristeninformation oder in den Hotels. Empfehlenswert ist auch ein Kennenlernen der Stadt vom Boot aus. Es gibt verschieden lange Fahrten, meistens wird am Kongens Nytorv gestartet.

Extra: Sport und Strände

Dass die Dänen Fußball und Handball spielen können, ist bekannt. Aber wussten Sie auch, dass sie zum Beispiel im Badminton seit vielen Jahren Weltklassespieler stellen?

Sport bedeutet in Dänemark Aktivsein in wundervoller Umgebung, ob beim Radeln, Kanu fahren oder Angeln. Und die zahllosen schönen Strände bieten Badevergnügen satt.

Die Dänen sind sportlich ungemein aktiv, und das scheint auch auf ihre Besucher abzufärben. Kaum ein Urlauber, der nicht wandert oder radelt, sich beim Windsurfen der brausenden Nordsee aussetzt oder in aller Ruhe in einem der zahllosen Gewässer angelt. Zunehmende Bedeutung gewinnt auch das Golfen, nicht als Elitesportart, sondern als Volkssport. Muss noch betont werden, dass Dänemark eines der reizvollsten Segelreviere Europas darstellt? Die südfünische Inselwelt um Ærø herum ist im Sommer das Mekka der Segler, die Häfen von Marstal, Svendborg oder Rudkøbing sind dann hoffnungslos überfüllt. In Jütland hingegen ist die Seenplatte um Silkeborg Anziehungspunkt für Kanuten. Bei all Ihren Aktivitäten sollten Sie allerdings zwei Dinge beachten: Es gilt, sich an gewisse (Spiel-)Regeln zu halten. Und die Natur sollte darunter nicht leiden.

Møns herrlicher Golfclub ist nur einer von rund 100 in Dänemark.

Angeln

Sowohl rund um die Küste als auch in den zahllosen Bächen und Seen lässt sich problemlos angeln. Auf den Haken können Sie dabei u. a. Dorsch, Aal, Forelle, Lachs und Barsch bekommen. Erkundigen Sie sich vor Ort beim Touristenbüro nach geeigneten Plätzen. Dort erfahren Sie auch, wo Sie den Angelschein erhalten, den Sie zumindest dann benötigen, wenn Sie zwischen 18 und 67 Jahre alt sind. Sie können den Schein pro Tag (25 DKK), pro Woche (75 DKK) oder auch pro Jahr (100 DKK) erwerben. Werden Sie ohne Schein erwischt, ist eine Buße von 200 DKK fällig. In dem Schein steht auch, welche Mindestgrößen die Fische haben müssen und wann Schutzzeiten herrschen. In den Ferienregionen werden auch Hochseeangelfahrten angeboten.

Fahrrad fahren

Als Radlerparadies kann es mit Dänemark wohl höchstens Holland aufnehmen. Die Landschaft ist abwechslungsreich, hügelig, aber nur selten wirklich anstrengend. Das Vorurteil vom »flachen Dänemark« bestätigt sich allerdings nur auf Lolland und Falster. Schon Møn ist anspruchsvoller. Das gilt auch für Fünen und Langeland, beide Inseln sind seit Jahren die beliebtesten Radlerdomizile. Wem es in erster Linie auf die Landschaft ankommt, ist dort wohl auch besser aufgehoben als auf Seeland, das sehr viel städtischer ist. Doch sollte man sich nicht vor den Stadtkernen selbst von Roskilde oder Kopenhagen scheuen. Der Status der Radler in Dänemark ist außerordentlich hoch, es wird sehr viel Rücksicht genommen. Zudem sind die Radwege hervorragend ausgebaut und ausgeschildert. Das gilt auch für Jütland. Dort fordert die Ostküste schon mit einigen Steigungen heraus. An der flachen Nordseeküste wird der kräftige Wind für viele zum Problem.

Im örtlichen Buchhandel können Sie Radlerkarten erwerben. Die Touristenbüros haben zudem gute Broschüren mit kleinen Ausflügen in die Umgebung erarbeitet, die man kostenlos oder für einige wenige Kronen bekommen kann.

Golf

Ist der Golfsport bei uns immer noch einer zahlungskräftigen Minderheit vorbehalten, so wird er in Dänemark mehr und mehr zum Volkssport. Über 100 Plätze verteilen sich quer über das Land, von Tinglev und Tønder im Süden bis hinauf nach Skagen, vereinzelt auf Fünen, dicht an dicht in Nord-Seeland.

Gastspieler müssen zu Hause Mitglied in einem Golfclub sein und ihren Mitgliedsausweis vorzeigen können. Teilweise ist auch ein Handicap vorgegeben, das zwischen 36 und 54 liegt. Weitere Informationen erhalten Sie über einen Golf-Prospekt des Dänischen Fremdenverkehrsamtes sowie bei den Touristenbüros vor Ort.

Wandern

Wer beim Wandern eher an die Bergwelt Nordskandinaviens oder an die Alpen denkt, wird solche Herausforderungen in Dänemark vergeblich suchen. Immerhin überschreitet in diesem Land keine Erhebung die 200 m. Insofern sollte man eher vom Spaziergehen reden. Das kann man entlang der Küste, aber auch durch die zahlreichen Wälder. Vielfach sind Wege ausgewiesen. Die Touristenbüros halten außerdem Faltblätter mit Vorschlägen parat.

Windsurfen

Dänemark wirbt mit einer Küste von 7500 km Länge. Die schönsten Reviere findet man rund um Fünen, Ærø und Langeland, an Seelands Nordküste und an der jütischen Nordseeküste. Besonders reizvolle Gebiete sind in Jütland der Ringkøbing Fjord und der Limfjord, über die der Wind nicht ganz so hart bläst, ohne den das Wasser nun ruhig ist. Wer erst mit dem Surfen beginnen will, findet zum Beispiel an der jütischen Nordseeküste und an den Fjorden diverse Schulen, in denen auch Deutsch gesprochen wird.

Strände

Für die »Wasserratten« stehen in Dänemark rund 5000 km Bade-

küste zur Wahl. Im Westen Jütlands erstrecken sich haushohe Dünen, und in der Brandung macht es enorm viel Spaß herumzutoben. Die Nordsee ist allerdings nicht ganz ungefährlich, besonders wenn man mit Luftmatratzen oder anderen Hilfsmitteln die Wellen bezwingen will. Für Familien mit kleinen Kindern kommen die seichten Ostseestrände für einen Badeurlaub eher in Betracht. Sand gibt es überall, von feinkörnig bis steinig.

Es ist vermutlich einfacher zu beschreiben, wo es in Dänemark keinen guten Strand gibt. Ein Land mit einer solchen Küstenlänge bietet dermaßen viele Strände, dass sie hier nur unvollständig aufzuzählen sind. Die Wasseruntersuchungen beweisen zudem alljährlich, dass das dänische Badewasser von hervorragender Qualität ist.

Dänemark besitzt eine Küstenlinie von 7313 km, 406 Inseln sind registriert. Die größte Insel ist Seeland, die kleinste Frederiksø bei Bornholm.

Falster
Ein sehr guter, steinloser Strand zieht sich von Gedser an der Ostküste bis ungefähr Höhe Horbelev hoch.

Fünen und Südfünische Inseln
Sehr guter Strand nördlich und südlich von Nyborg. Ebenso an der Nordküste zwischen Bogense und Båring sowie zwischen Agernes und Østerballe. An der Westküste besonders nördlich von Assens.

Jütland – Die Ostküste
Praktisch von Åbenrå bis hoch nach Skagen hervorragende Strände, hier und da allerdings stark mit Steinen durchsetzt. Besonders schön ist der Strand südlich von Århus und nördlich bzw. südlich der Limfjord-Mündung.

Jütland – Die Westküste
Die Westküste von Rømø bietet einen herrlichen breiten Strand. Nördlich von Esbjerg beginnt dann ein einmalig langer und breiter Strand bis hinauf nach Skagen. Vorsicht ist allerdings vor den tückischen Strömungen der Nordsee angeraten.

Lolland
Von Rødby Havn die Südküste entlang bis ins westliche Kappel erstreckt sich ein feiner Strand.

Møn
Der Strand auf Møn ist nicht ganz so überragend. Südlich von Harbølle präsentiert sich ein doch recht steiniger Sandstreifen, schön ist er allerdings auf der nördlichen Landzunge Udby.

Seeland
Die schönsten Strände finden Sie zwischen Kopenhagen und Køge sowie insbesondere im Norden zwischen Helsingør und Hundested bzw. zwischen Helsingør und Kopenhagen.

Korsør

F 6, S. 119

20 000 Einwohner

Als Fährhafen hat die Stadt ausgedient, umso größer die Chance, dass jetzt der Blick auf die Sehenswürdigkeiten gelenkt wird.

Hotels/andere Unterkünfte

Jens Baggesen
Sehr schönes Hotel unmittelbar am Hafen. Es wurde 1991 in einem alten Speicher eröffnet. Die Zimmer sind äußerst geschmackvoll eingerichtet worden. Versuchen Sie, ein Zimmer mit Blick auf den Großen Belt zu bekommen.
Batterivej 3–5; Tel. 58 35 10 00, Fax 58 35 10 01; Internet: www.hotel-jens-baggesen.dk; 40 Zimmer ★★

Sehenswertes

Kongegården
Der alte Königshof in der Algade ist ein Fachwerkgebäude aus dem Jahre 1770. Hier mussten die Könige wegen der rauen See manchmal tagelang ausharren, bevor sie nach Fünen hinübersetzen konnten. Heute ist der Hof eine Art Kunst- und Kulturzentrum mit wechselnden Ausstellungen.
Tgl. 10–16, Mi 10–20 Uhr

Museen

By-og Overfartsmuseum
Das Museum in der alten Festung zeigt die Entwicklung der Stadt und der Fährfahrt zu den benachbarten Inseln.
Tgl. 10–16 Uhr; Eintritt 15, Kinder 5 DKK

Storebælts-Ausstellung
In Schaukästen, mit Bildern und Videos wird die Fertigstellung des Brückenbaus nach Fünen erläutert. Von der Aussichtsplattform kann man auf den Verkehr schauen.
Storebæltsvej 88, Halsskov; Mai–Sept. tgl. 10–20, Okt.–März Di–So 10–17 Uhr; Eintritt 35, Kinder 15 DKK

Essen und Trinken

Restaurant Sommerlyst
Südlich der Stadt versteckt und romantisch im Wald gelegen. Während sich die Eltern auf der Terrasse an der dänischen Küche laben, können sich die Kleinen auf dem Spielplatz austoben.
Korsør Lystskov; Tel. 58 35 14 40; April–Sept. Do–Sa 17–23, So 12–17, sonst So 12–17 Uhr ★★

Køge

C 10, S. 120

38 000 Einwohner

Die Nähe zur Hauptstadt ist überall spürbar, die industrielle Ausdehnung Kopenhagens macht sich zum Beispiel mit dem mächtigen Industriehafen bemerkbar. Vom Innenstadtbild aber ist Køge sicherlich eine der schönsten dänischen Städte. Rund um den Marktplatz (Kopfsteinpflaster) sind sehr viele alte Häuser erhalten geblieben. Das Haus Kirkestræde 20 ist das älteste datierbare Fachwerkhaus des Landes, es wurde 1527 errichtet. Einen kurzen Besuch lohnt auch das **Køge Museum** in der Norregade 4.

Essen und Trinken

Stigann
Gute Küche, eher auf Fleisch als auf Fisch konzentriert. Während diese eher dänisch geprägt ist, macht sich auf der üppigen Weinkarte eine Vorliebe für Italien bemerkbar. Kompetente Bedienung, das Vier-Gänge-Menü liegt bei 278 DKK.
Sct. Gertrudsstræde 2; Tel. 56 63 03 30; tgl. 12–16, 17–22 Uhr, So nur abends ★★

Næstved ■ B 11, S. 120

46 000 Einwohner

Das Zentrum macht eher einen ruhigen Eindruck. Auch baulich beherbergt die Stadt keine Schätze. Anscheinend hat sich der Einkaufsstrom in das riesige Einkaufszentrum nordöstlich von Næstved (an der Straße 54) verlagert.

Sehenswertes

Bon-Bon-Land

Der Spielpark für große und kleine Schleckermäuler, von einer Bonbon-Firma zu PR-Zwecken errichtet. U. a. Klettergerüste, Schaukeln, Hüpfburgen, Ponyreiten, Boote, ein Kino und eben eine Bon-Bon-Werkstatt samt Süßigkeiten-Supermarkt: Kind, was willst Du mehr!

Gartnervej 2, Holme-Olstrup (nahe Næstved/Seeland); Tel. 53 76 33 00; Internet: www.bonbonland.dk; Mitte Juni–Anfang Aug. 9.30–20, Mitte Mai–Mitte Juni, Anfang Aug.–Anfang Sept. 9.30–17 Uhr; Eintritt Hauptsaison 125, Nebensaison 109 DKK, Kinder unter 90 cm frei

Einkaufen

Holmegård Glasværk M M

Hier in der Fabrik können Sie sehen, wie die weltberühmten Gläser, Karaffen, Leuchter etc. produziert werden. Am Eingang erhält man einen Plan, nach dem man selbstständig über das Gelände laufen kann. Der kostenlose Besuch ist außerordentlich beeindruckend und sicherlich auch für Kinder interessant. Im Geschäft nebenan können Sie verbilligte Ware zweiter Wahl erwerben. Angeschlossen ist ein kleines Glasmuseum.

Fensmark; Glasfabrik Mo–Do 9.30–12, 12.40–13.30, Fr 9.30–12, Sa, So 11–15, April–Mitte Okt. auch Sa, So 11–15 Uhr; Museum und Shop Mo–Fr. 10–16, Sa, So 11–16 Uhr

Roskilde ■ C 10, S. 120

50 000 Einwohner

Die 30 km westlich von Kopenhagen gelegene Stadt macht einen stolzen Eindruck. Diese Würde wird schon bei der Anfahrt sichtbar, wenn der Blick auf den mächtigen Dom fällt, der sich über der Stadt erhebt. Und sie setzt sich in den kleinen, malerischen Gassen um den Dom herum sowie im weiten, herrlich gelegenen Stadtpark fort, bis hin zu den mächtigen Wikingerschiffen im Wikingermuseum unmittelbar am Fjord.

So wird dann doch noch hier und da die einstige Größe Roskildes spürbar. Bis zum 15. Jh. war Roskilde die mächtigste Stadt Dänemarks, da sie das kirchliche Zentrum des Landes bildete. Mit der Reformation begann der Niedergang Roskildes und zugleich der Aufstieg des nahen Kopenhagen.

Sehenswertes

Dom

Mit dem romanisch-gotischen Bau wurde im 12. Jh. begonnen, er wurde aber erst 100 Jahre später vollendet (Bild → S. 76). In den folgenden Jahrhunderten wurden weitere Kapellen und Waffenhäuser hinzugebaut. Seit dem Tode von Margarete I. im Jahre 1412 werden hier alle dänischen Könige begraben, der letzte war 1972 König Frederik IX. Jedes Grab steht in einer eigenen Seitenkapelle, und jede ist in dem zeittypischen Stil errichtet. Eine ganz eigene, bedeutungsvolle Stimmung herrscht im Dom. Darüber hinaus ist das gesamte Inventar sehr sehenswert, so der Altar (1560) und das mit schönen Schnitzereien versehene Chorgestühl, das im Jahr 1420 entstand. 5

April–Sept. Mo–Fr 9–16.45, Sa 9–12, So 12.30–16.45, Okt.–März Di–Sa 10–15.45, So 12.30–15.45 Uhr; Eintritt 12, Kinder 6 DKK

Historisk-Arkæologisk Forsøgscenter
In Lejre, 10 km südwestlich von Roskilde, ist ein historisch-archäologisches Versuchszentrum aufgebaut worden, in dem man die Stein- und Eisenzeit nachlebt und so versucht, Einblick in die Lebensformen der damaligen Zeit zu gewinnen. Interessierte können hier einige Zeit leben, mit historischen Werkzeugen Boote bauen oder das Feld bestellen, alle anderen können ihnen dabei zuschauen.
Slangealléen 2, Lejre; Mai–Mitte Juni, Mitte Aug.–Mitte Sept. Di–Fr 10–16, Sa, So 11–17, Mitte Juni–Mitte Aug. tgl. 10–17 Uhr; Eintritt 75 DKK (ab 15 J.), Kinder 45 DKK

Ledreborg Slot
Eine eindrucksvolle Rokoko-Anlage aus dem 18. Jh. Schloss und Park können besichtigt werden, am Wochenende gibt es häufig interessante Veranstaltungen für die ganze Familie.
Ledreborg Allé 2, Lejre; Mai–Mitte Juni So, Mitte Juni–Aug. tgl., Sept. So 11–17 Uhr; Eintritt 60, Kinder 35 DKK

Museen

Vikingeskibshallen/ Wikingerschiffsmuseum
10 Um das Jahr 1000 herum müssen am Eingang des Roskilde Fjords fünf Schiffe versenkt worden sein, um den Zugang zu erschweren. 1962 wurden sie nahe Skuldelev entdeckt. Heute stehen sie, zwischen 12 und 28 m lang, so weit wie möglich restauriert in dem Museum unmittelbar am Fjord. Auf Schautafeln wird die Geschichte der Wikinger erzählt. Ein Film zeigt zudem Bergung und Konservierung der Schiffe. Auf der Museumsinsel nebenan werden Wikingerschiffe nachgebaut sowie gefundene restauriert.
Vindeboder 12, tgl. 10–17 Uhr; Eintritt 75 (Winter 45), Kinder 25 (25) DKK

Essen und Trinken

M/S Sagafjord
Wer einmal über den Roskilde Fjord schippern und dabei noch gut essen will, sollte sich auf diesen Nostalgiedampfer neben der Wikingerschiffshalle begeben. Man kann entweder eine Mittags- oder eine Abendfahrt wählen, in den Sommermonaten wird auch zum Kaffeetrinken abgelegt.
Tel. 46 75 64 60, Fax 46 75 63 60; Fahrt 85, Kinder 35 DKK

Rungsted

D 9, S. 121

4000 Einwohner

An der schönen Küstenstraße 152 von København nach Helsingør liegt Rungsted unmittelbar am Øresund. Vermutlich würden die meisten eher die parallel verlaufende Autobahn benutzen und an Rungsted achtlos vorbeifahren, wenn hier nicht das Karen Blixen Museet stehen würde.

Sehenswertes

Karen Blixen Museet
Die Mehrzahl der vielen Besucher dürfte allerdings eher den Film »Jenseits von Afrika« mit Meryl Streep und Robert Redford in den Hauptrollen gesehen als das Werk der Schriftstellerin gelesen haben. Der Film hatte 1985 seine Premiere, zwei Jahre später wurde der Umbau des Hauses in ein Museum beschlossen, das dann 1991 eröffnet wurde. Die Lizenzeinnahmen aus dem Film ermöglichten dieses Vorhaben. In Rungstedlund, wie das Gebäude heißt, wurde die Autorin 1885 geboren, hier starb sie 1962. Die Räume zeigen u. a. die historische Einrichtung, ihre Versuche als Malerin und skizzieren ihren Lebensweg.
Rungsted Strandvej 111; Mai–Sept. Di–So 10–17, Okt.–April Mi–Fr 13–16, Sa, So 11–16 Uhr; Eintritt 40 DKK, Kinder bis 12 Jahre frei

Essen und Trinken

Røgeriet
Sensationell gutes Fisch-Restaurant.
Rungsted Havn 22; Tel. 45 76 06 08;
Di–So 12–15.30, 18–22 Uhr ★★★

Slagelse

■ B 10, S. 120

35 000 Einwohner

Seelands drittgrößte Stadt ist nicht gerade das Schmuckstück der Insel. Mehrere Brände haben die historische Innenstadt vernichtet, geblieben sind nur die Skt. Hans und die Skt. Peders Kirche. Dank der verkehrsgünstigen Lage hat Slagelse sich allerdings zu einem bedeutenden Geschäftszentrum entwickeln können.

Sehenswertes

Trelleborg
Reste einer Wikingerburg westlich von Slagelse, vermutlich aus dem Jahre 980. Die Burg besteht aus einer Haupt- und einer Vorburg. Die einstige Dimension der Gesamtanlage verdeutlichen die Rekonstruktionen. Zudem gibt es hier im Sommer jede Menge nachgespieltes Wikingerleben.
Trelleborg Allé 4, Hejninge; April–Okt. Mo–Do, Sa, So 10–17, Nov.–März 12–16; Eintritt 40, Kinder 25 DKK

Sorø

■ B 10, S. 120

15 000 Einwohner

Die »Akademiestadt« ist sehr idyllisch an einigen Seen gelegen. Zwischen dem Markt und dem Sorø Sø stehen entlang der Søgade gut erhaltene **Fachwerkhäuser**. Bischof Absalon begründete hier ein Zisterzienserkloster, an das bald die Marie Kirke angebaut wurde. Dort sind u. a. Absalon und Dänemarks großer Komödienschriftsteller **Ludvig Holberg** begraben. Holberg ermöglichte mit einer Schenkung 1747 auch den Ausbau der Akademie. Die Akademie wurde 1623 begründet und gewann für das dänische Geistesleben eine wichtige Bedeutung. Die meisten der heutigen Gebäude wurden erst nach 1800 errichtet (heute Internat). Durchschreitet man das Klostertor, stößt man entlang der Storegade auf weitere gut erhaltene Häuser. Nordöstlich der Stadt steht in Bjernede die einzige **Rundkirche** Seelands.

Sehenswertes

Fantasy World
Zwischen Sorø und Køge liegt die Stadt Ringsted, an ihrem Nordwestrand wiederum die Fantasy World, ein einziger großer Spielplatz für Kinder. Motive aus der Märchenwelt werden gezeigt, eine Weihnachtsausstellung nimmt breiten Platz ein. Die alte Königsstadt Ringsted besitzt aufgrund zahlreicher Brände kaum historische Bebauung, aber eine sehenswerte Kirche.
Eventyrvej 13, Ringsted; 7. Feb.–15. Feb., Juni–Sept. 10–17, Okt.–Dez. tgl. außer 30. Sept., 01. Okt. 10–17 Uhr; Eintritt 70, Kinder 25–50 DKK

Stevns Klint

■ D 11, S. 121

Stürzt sie oder stürzt sie nicht, das ist die Frage vor der Kirche in **Højerup**. An der seeländischen Ostküste ziehen sich die Felsklippen von Stevn Klint bis nach Rødvig hinunter. Mitte des 13. Jh. wurde hoch über dem Meer in Højerup die Kirche errichtet. Während der Jahrhunderte trugen Wind und Wasser das Felsmassiv ab, so dass 1928 der Kirchenchor abstürzte. Dem Rest scheint ein ähnliches Schicksal bevorzustehen, doch ist das Fundament mittlerweile untermauert worden. Ein kleiner, schöner Wanderweg zieht sich oberhalb der Klippen entlang.
Mai–Sept. tgl. 12–17 Uhr; Parkplatz 10 DKK, Eintritt Kirche 5 DKK

Ein dichtes Netz kleiner Nebenstraßen, die Meeresküste immer in der Nähe – entdecken Sie Dänemarks schönste Winkel doch einfach mit dem Fahrrad!

Radlerparadies Dänemark: Die Strecken des gut ausgebauten Radwegenetzes führen fast immer durch schöne Landschaften.

Fünen in sieben Tagen

Die Insel Hans Christian Andersens bietet alle Facetten Dänemarks auf kleinem Raum. Ein Genuss!

Fünen ist das Paradies für Radler. Ein überschaubares Gebiet, eine herrliche Landschaft, eindrucksvolle Sehenswürdigkeiten, ausgezeichnete Radwege, ein nicht zu anstrengendes, sicherlich aber auch nicht anspruchsloses Terrain. Da das Radwegenetz der Insel komplett ausgeschildert ist, werden im Folgenden nur die Etappen benannt. Und da es sich um eine Rundtour handelt, kann auch an jeder beliebigen Stelle eingestiegen werden.

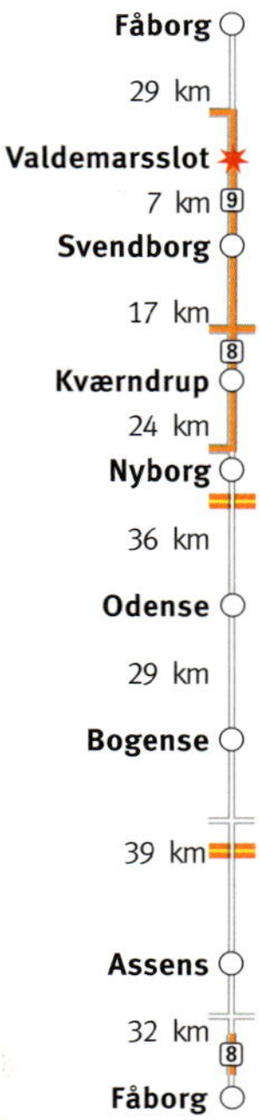

Startpunkt ist Fåborg im Südwesten der Insel. Von hier geht es an der Südküste entlang nach Svendborg, hinüber zur Insel Tåsinge und dort zu Valdemarsslot, einem der eindrucksvollsten dänischen Schlösser. Zurück nach Svendborg, wo der erste Tag ausklingt.

Am zweiten Tag geht es Richtung Odense, um bei Kværndrup mit Egeskov eines der schönsten europäischen Schlösser überhaupt zu sehen. Von dort dann nordöstlich nach Nyborg.

Der dritte Tag führt hinauf ins idyllische Kerteminde und von dort nach Odense. Sie sollten zumindest den vierten Tag in Dänemarks drittgrößter Stadt verbringen. Am fünften Tag steuern Sie den Norden mit Bogense und seinem lebendigen kleinen Hafen an.

Der sechste Tag bringt dann eine recht lange Tour hinunter in das malerische Städtchen Assens. Am siebenten Tag schließlich ist es dafür nur noch ein kurzer Weg bis Fåborg. Wer mag, kann einen Schlenker über Horne absolvieren, wo eine der sieben dänischen Rundkirchen steht.

Länge: ca. 225 km; **Dauer:** 7 Tage; **Karte:** → Klappe vorne

MIT DEM FAHRRAD UND DEM SCHIFF

Dänemark für Einsteiger

Ganz Dänemark wird von zehn nationalen Radrouten durchzogen, die entsprechend ausgeschildert sind. Wer einmal seine Radlertauglichkeit prüfen mag, ist mit dieser schönen wie bequemen Tour gut beraten. Die Angaben beziehen sich auf die offizielle Ausschilderung.

Ausgangspunkt dieser einfachen Schnuppertour ist Puttgarden, von wo aus Sie mit dem Schiff nach Rødbyhavn hinübersetzen. Ein ausgeschilderter Radweg (Tour 9) weist Ihnen den Weg nach Rødby und Maribo. Hier sollten Sie unbedingt einen Altstadtbummel einplanen. Sie verlassen Maribo ostwärts Richtung Toreby. So erreichen Sie Nykøbing/Falster. Bis jetzt haben Sie 45 Kilometer auf durchgehend absolut flachem Terrain absolviert. Nykøbing verlassen Sie auf der Route 8 Richtung Møn, um zunächst nach Stubbekøbing zu radeln. Hier setzen Sie mit der Fähre auf das Inselchen Bogø hinüber, von wo aus es nach Møn weitergeht. Die Insel ist für ihre Kreidefelsen berühmt. Je nach Tagespensum können Sie noch in Stubbekøbing oder schon auf Møn übernachten.

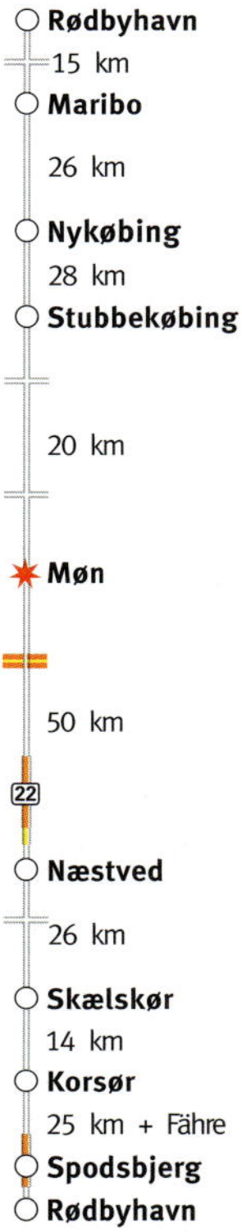

Gut 40 Kilometer sind es auf Møn von der West- bis zur Ostküste. Die Steigungen werden Richtung Osten etwas anspruchsvoller.

Am dritten Tag verlassen Sie Møn und erreichen bei Kalvehave die Insel Seeland. Von hier nach Vordingborg. Von dort dann auf der Route 7 weiter nach Næstved. Nördlich lädt Holmegaards Glasfabrik zu einer Besichtigung ein, nordöstlich lockt der Vergnügungspark Bon-Bon-Land die Kinder. Bereits in Næstved oder in Skælskør sollten Sie dann übernachten. Letzte Station auf Seeland ist Korsør, von hier fahren Sie mit der Fähre nach Lohals auf Langeland. Dort übernachten Sie, radeln bis Spodsbjerg, fahren mit der Fähre nach Tårs und von dort weiter bis Rødbyhavn.

Länge: ca. 300 km; **Dauer:** 6 Tage; **Karte:** → Klappe vorne

Dänemark von A(nreise) bis Z(oll).

Mit aktuellen Wechselkursen und genauer Klimatabelle, Geschichte auf einen Blick, Register und vielen anderen nützlichen Infos.

An Details erkennt man, was die Dänen unter »hyggelig« verstehen. Viel Liebe wird in die Inneneinrichtung verwandt, auch die Fenster gehören dazu.

Dänemark von A–Z

Anreise

Mit dem Auto

Wer nach Jütland oder Fünen möchte, fährt über die Autobahn 7 Richtung Flensburg und überquert die Grenze bei Padborg.

Wer an die jütische Westküste will, muss folglich hinter der Grenze an entsprechender Stelle die Autobahn verlassen und auf der Landstraße gen Westen fahren. Man kann allerdings schon in Hamburg auf die Autobahn 23 und später die B 5 wechseln, um am Übergang Sæd die Grenze zu überqueren. An Tønder vorbei geht es dann auf der Straße 11 gen Norden. Eine Querverbindung zwischen B 5 und A 7 ist übrigens die B 199 kurz vor Flensburg.

Wer nach Seeland will, kann über die A 7 und später die E 20 quer durch Fünen die Størebæltsbro nutzen und so auf das Schiff verzichten (Pkw inkl. Insassen DKK 225).

Mit dem Schiff

Die wohl bekannteste Verbindung ist die zwischen Puttgarden (Fehmarn) und Rødby (Lolland). Im Sommer fahren die Fähren fast alle 15 Minuten, im Winterhalbjahr alle 30 Minuten, Fahrtdauer 45 Minuten. Für die Sommerwochenenden empfiehlt sich unbedingt eine rechtzeitige Reservierung.

Bis auf ein Teilstück zwischen Lolland und Falster ist die Autobahn jetzt auch auf dänischer Seite bis hinauf nach Helsingør durchgehend. Für aus Westdeutschland Reisende nach Lolland, Falster, Møn und Seeland ist dies sicherlich der ideale Weg, um an ihr Urlaubsziel zu kommen.

Eine weitere Möglichkeit ist eine Autofahrt auf der A 7 bis kurz hinter die Grenze, dort ostwärts auf der Straße 8 an Kruså und Sønderborg vorbei nach Fynshav und mit der Fähre nach Bøjden (eine knappe Stunde).

Wer aus Ostdeutschland kommt, kann als Alternative zu Puttgarden – Rødby auch mit der Fähre von Rostock nach Gedser (Falster) fahren, die E 55 führt, abgesehen vom ersten Teilstück, ebenfalls als Autobahn nach Helsingør.

Mit dem Zug

Sie können mit der Eisenbahn über Hamburg und Flensburg ins jütische Fredericia fahren. Von dort aus geht es dann entweder weiter nördlich oder nach Osten auf die Insel Fünen beziehungsweise nach Kopenhagen.

Direkt nach Kopenhagen können Sie auch mit der Bahn über Hamburg, Lübeck, Puttgarden und Rødby fahren. Die Fahrzeit von Lübeck beträgt ca. vier Stunden.

Mit dem Flugzeug

Knotenpunkt des dänischen Flugroutensystems ist selbstverständlich Kopenhagen. Von dort gibt es innerdänische Anschlussflüge nach Jütland und auf die meisten Inseln. Kopenhagen wird von Berlin, Düsseldorf, Frankfurt, Hamburg, Hannover und München direkt angeflogen. Wer direkt nach Jütland möchte, kann allerdings auch von Frankfurt nach Billund fliegen.

Mit dem Fahrrad

Problemlos ist die Überfahrt von Rostock nach Gedser. Eigentlich auch jene von Puttgarden nach Rødby. Allerdings ist die Anfahrt nach Puttgarden nicht sonderlich schön, da die Strecke den Fahrradfahrern weder Schutz vor dem manchmal wahrlich stürmischen Wind noch vor den unzähligen Autos bietet.

Auskunft

Dänisches Fremdenverkehrsamt

Auch für Österreich und die Schweiz zuständig.

Postfach 54 05 05, 22505 Hamburg;
Tel. 0 40/32 02 10, Fax 32 02 11 11;
Internet: www.visitdenmark.com

Ausweise

Seit März 2001 sind die Grenzkontrollen an der deutsch-dänischen Grenze aufgehoben. Auf den Flughäfen wird aber weiterhin kontrolliert.

Bevölkerung

Von den derzeit 5,1 Mio. Dänen (ohne Grönland und Færøer-Inseln) leben 1,4 Mio. im Großraum Kopenhagen, ca. 700 000 weitere in den nächstgrößeren Städten Århus, Odense, Ålborg und Esbjerg. Die Bevölkerungsdichte ist von Insel zu Insel sehr unterschiedlich. Die Zahl der deutschen Minderheit in Nordschleswig wird auf ca. 40 000 Menschen geschätzt.

Diplomatische Vertretungen

Deutsche Botschaft
■ d 1, Klappe hinten
Stockholmsgade 57, 2100 Kopenhagen Ø;
Tel. 35 45 99 00

Österreichische Botschaft
■ e 1, Klappe hinten
Sølundsvej 1, 2100 Kopenhagen Ø;
Tel. 39 29 41 41

Schweizer Botschaft
■ f 2, Klappe hinten
Amaliegade 14, 1256 Kopenhagen K;
Tel. 33 14 17 96

Einkaufen

Dänemark gilt allgemein als nicht ganz billiges Urlaubsland. Zigaretten beispielsweise sind deutlich teurer, auch Schnaps und Schallplatten, ja selbst Waren wie Zucker oder Salz. Günstig sind hingegen vor allem drei Dinge: Tee, Kerzen und Pfeifentabak. Andere Waren, wie Kaffee, Brot oder Käse, bewegen sich hingegen auf dem uns bekannten Preisniveau. Entscheidend für den Preisvergleich ist allerdings, wo man einkauft. Die dänische Einkaufslandschaft lässt sich jedenfalls in zwei große Kategorien einteilen. Zum einen gibt es landesweite Ketten wie die gewerkschaftseigenen Super Brugsen bzw. Kvickly, die gute und frische Qualität zu allerdings auch leicht höheren Preisen anbieten. Zum anderen aber auch Läden wie Fakta oder Netto, die sich als reine Discounter à la Aldi (gibt es in Dänemark übrigens auch) verstehen. Hier ist die Auswahl sehr viel eingeschränkter, Wurst, Käse, Obst und Gemüse sind nur abgepackt erhältlich, dafür sind die Preise deutlich niedriger.

Die Ladenöffnungszeiten
Normalerweise öffnen die Geschäfte um 10 Uhr, um um 17.30 Uhr wieder zu schließen. Am Freitag wird zumeist erst um 19 Uhr geschlossen, am Samstag dafür schon um 12.30 Uhr. In den Großstädten und den Einkaufszentren auf der »grünen Wiese« ist freitags um 20 Uhr Schluss, samstags um 16 Uhr.

Einkaufsläden auf Campingplätzen haben länger geöffnet, oft bis 20 oder gar 22 Uhr, außerdem auch sonntags. Das gilt auch für so genannte »Døgn-Kioske«, die in den Großstädten unter Umständen rund um die Uhr, in der Provinz aber meist bis 22 Uhr geöffnet haben und ein kleines Nahrungsmittelsortiment bereithalten. Letzter Ausweg bei Nahrungsmittelknappheit sind auch hier die Tankstellen.

Was sich einzukaufen lohnt
Berühmt und begehrt ist dänisches Design. Ob geschmackvolle Gläser von Holmegaard, die einzigartigen Stereoanlagen von Bang & Olufsen, die Tee- und Kaffeekannen von Bodum oder die wunderschöne Keramik, die die zahlreichen Künstler im ganzen Land anbieten. Der in Dänemark weit verbreitete Begriff von der »Gebrauchs-

kunst« hat mit Sicherheit seine Berechtigung. All diese Produkte sind nützlich und gleichzeitig äußerst geschmackvoll. Landesweit vertreten sind dabei die Ketten »Inspiration« und »Imerco«.

Irgendwo ist immer Ausverkauf
Ein Wort wird der Dänemark-Besucher schnell lernen – **udsalg**. Das bedeutet nichts anderes als Ausverkauf. Und tatsächlich scheint dieses Land ständig im »udsalg« zu sein, manche Geschäfte nehmen die Schilder anscheinend gar nicht erst ab.

Vor allem unter Seglern sind die Jacken, Hosen und Pullover von Red/Green sehr beliebt. Andere bekannte dänische Modemarken sind Cottonfield, InWear, Buksesnedkeren, Sand, Blues, Bison und Bitte Kai Rand. Beliebt sind auch die Uhren des einstigen B-&-O-Chefdesigners Jacob Jensen, die Flensted-Mobiles, die T-Shirts von Bo Bendixen und die ph-Lampen von Poul Henningsen. Letztere gelten schon als moderne Klassiker, ebenso wie die Stühle von Arne Jacobsen. Pfeifenraucher können ihre Stanwell und Jensen sicherlich günstiger einkaufen als daheim. Einen großen Boom erlebt derzeit der Bernstein.

Nicht gerade jeden Tag kauft man ein neues Auto, doch wenn, ist es in Dänemark zumeist billiger. Denn da der Staat auf Autos sowohl Mehrwert- als auch noch eine zusätzliche Luxussteuer erhebt, berechnen die Autohersteller ihren dänischen Partnern geringere Grundpreise als ihren deutschsprachigen Kollegen. Und da Ausländern diese Steuern gutgeschrieben werden, lassen sich beim Autokauf in Dänemark schnell ein paar Tausender sparen.

MERIAN-Tipp

Royal Copenhagen gehört mit seinem Geschirr und seinen Wandtellern zu den herausragenden Produzenten dänischen Designs. In Kopenhagens Fußgängerzone Strøget besitzt die Firma ein Geschäft, in dem Sie auch Ware zweiter Wahl zu stark ermäßigten Preisen erwerben können. Sollten Sie Weihnachten dort sein, lohnt ein Blick auf die fantasievoll dekorierten Festtische. Angeschlossen ist im übrigen ein sehr schönes Café mit exzellentem Kuchen. Amagertorv 6, Kopenhagen

■ d 4, Klappe hinten

Feste und Festspiele

Juni

Sankt Hans Aften
Überall im Land wird die Mittsommernacht gefeiert.
23. Juni

Drachenfest
Das weltweit größte seiner Art auf Fanø/Jütland.
Mitte Juni

Orgelfestival
Klassik in Odense.
Mitte Juni bis Ende Aug.

Sommer Jazz
Großes Fest in der fünischen Metropole Odense.
Mitte Juni

Midtfyns Festival
Sechs Tage voller Rockmusik in Ringe/Fünen.
Ende Juni

Wikingerfestspiele
In Frederikssund/Seeland wird die Sagaliteratur lebendig.
Ende Juni

Wikingerfestspiele in Jels
Ähnlichkeiten mit Frederikssund sind hier in Südjütland beabsichtigt.
Ende Juni/Mitte Juli

Juli
Rockfestival in Roskilde
Legendäres Festival mit dänischen und internationalen Größen und Regengarantie.
Erste Juliwoche

Ringreiter Festival
Brot und Spiele in Åbenrå und kurz darauf in Sønderborg.
Anfang Juli

Kopenhagen Jazzfestival
Für Jazz-Fans ein absolutes Muss.
Erste Monatshälfte

Århus Jazzfestival
Nach Kopenhagen können Jazz-Freunde nach Jütland umsiedeln.
Dritte Juliwoche

Internationales Gitarrenfestival
Gitarrenmusik quer durch die Jahrhunderte in Sønderho/Fanø.
Anfang Juli bis Mitte Aug.

Europeade
Volksmusik aus aller Herren Länder in Horsens/Jütland.
Mitte Juli

Vendsyssel Festival
Ca. 50 klassische Konzerte an verschiedenen Orten in Nordjütland.
Juli und Aug.

August
Wagner-Festival
Eines der größten und wichtigsten dänischen Festivals in Århus.
Ende Aug.

Tønder Festival
Jazz, Soul und Folklore erster Qualität.
Ende Aug.

Danmarks Smukkeste Festival
Rockfestival in Skanderborg/Jütland.
Anfang Aug.

September
Århus Festwoche
Skandinaviens größtes Kulturfest bietet u.a. Klassik und Ballett.
Erste Monatshälfte

Golden Days
Großes Fest in Kopenhagen mit Ausstellung, Musik etc. in Erinnerung an das »Goldene Zeitalter«.
Erste Monatshälfte

Feiertage

Am 1. Jan., Gründonnerstag, Karfreitag, Ostermontag, Großer Bettag (vierter Freitag nach Ostern), 1. Mai (ab 12 Uhr), Christi Himmelfahrt, Pfingstmontag, 5. Juni (Verfassungstag, ab 12 Uhr) und am 25. und 26. Dez. bleiben die Geschäfte geschlossen.

Fernsehen

Die Dänen haben zwei große Fernsehsender, nämlich das staatliche, werbefreie Danmarks Radio (DR) und das kommerzielle TV2. Daneben gibt es noch Kabelkanäle. Im Norden des Landes sind außerdem die norwegischen Sender, im Osten die schwedischen und im Süden die deutschen ohne Probleme zu bekommen. Satellitenschüsseln erfreuen sich in Dänemark einer großen Beliebtheit, so dass auch englische und deutsche Programme fast überall, u. a. auch in den meisten Ferienhäusern, zu empfangen sind.

FKK

Jeder muss selbst wissen, was er seinen Mitmenschen zumutet, scheint das Motto der Dänen zu sein. Es gibt keine Vorgaben, wo nackt gebadet und gesonnt werden darf und wo nicht. Insofern gibt es auch keine Kontrollen. Nacktbaden ist ebenso selbstverständlich wie das Sonnen in Textilien, es wird kaum Aufhebens um dieses Thema gemacht.

Geld

Eine Krone = 100 Øre. Münzen gibt es als 25 und 50 Øre sowie 1, 2, 5, 10 und 20 Kronen (DKK). Scheine als 50, 100, 200, 500 und 1000 Kronen.

Leicht zu verwechseln sind die beiden Øre-Münzen und die 10- und die 20-Kronen-Münze, da sie farblich einander ähnlich und auf den ersten Blick nur durch die Größe voneinander zu unterscheiden sind. Beträge zwischen einer und 24 Øre werden ab- bzw. aufgerundet.

Am günstigsten ist der Umtausch per Scheck, beim Bargeldtausch wird eine Gebühr von 20–50 Kronen abgezogen. An Geldautomaten mit der Aufschrift »Kontanten« können Sie Bargeld mit Kreditkarten und Euroscheckkarten abheben.

Kreditkarten, insbesondere Visa und Eurocard, werden fast durchgehend akzeptiert. Vorsicht ist bei freien Wechselstuben, wie etwa in der Kopenhagener Fußgängerzone, geboten, da hier eine horrende Umtauschgebühr verlangt wird.

Kirche

Gute 92% aller Dänen gehören der evangelisch-lutherischen Volkskirche an, gleichwohl ist die Zahl der regelmäßigen Kirchgänger niedrig. Neben religiösen Minderheiten wie Katholiken, Methodisten oder Juden finden auch verschiedenste Sekten hier sporadischen Zuspruch.

Kleidung

Norddeutsch sollte sie sein, die Reisekleidung. Die Badehose gehört ebenso dazu wie das Regenzeug, Sie sollten auf Sonne wie auf Böen und Re-

Wechselkurse

DK Kronen	EU Euro	CH Franken
1	0,13	0,21
5	0,67	1,03
10	1,34	2,06
20	2,67	4,12
30	4,01	6,19
50	6,68	10,31
100	13,36	20,62
250	33,40	51,55
500	66,80	103,10
750	100,20	154,64
1 000	133,60	206,19
1 500	200,40	309,29
10 000	1 336,00	2 061,90

Nebenkosten
(umgerechnet in Euro)

1 Tasse Kaffee	3,22
1 Bier (Liter)	12,07
1 Coca Cola (Dose)	1,05
1 Brot (Weißbrot)	2,30
1 Schachtel Marlboro	4,03
1 Liter Benzin (Normal)	1,14
Fahrt mit öffentl. Verkehrsmitteln (Einzelfahrt)	1,65
Mietwagen/Tag	120,35

Stand: März 2004

gen eingestellt sein. Egal was Sie einpacken, auf keinen Fall sollte selbst im Sommer der dicke Pullover für die lauschige, nordische Nacht fehlen.

Medizinische Versorgung

Das dänische Gesundheitssystem ist hervorragend ausgebaut, die Ärzte sprechen in aller Regel auch Deutsch oder zumindest Englisch. EU-Bürger, die in einer gesetzlichen Krankenversicherung versichert sind, sollten sich vor der Abreise den Auslandskrankenschein E 111 besorgen. Sie werden dann zumeist kostenlos behandelt, allerdings ist für Medikamente ein oft großer Eigenanteil zu entrichten. Privat Versicherte reichen zu Hause die Rechnung ein.

Notruf

Der landesweite Notruf ist 112.

Politik

Jahrzehntelang prägten die Sozialdemokraten die Politik des Landes. Erst 1982 gelang es den bürgerlichen Parteien, sich zu einigen und die Sozialdemokraten zu verdrängen. Auf der Linken gibt es, abgesehen von Splitterparteien, neben den Sozialdemokraten noch die Sozialistische Volkspartei. Auf der Rechten die Konservativen, die bäuerliche Venstre (heißt eigentlich »Linke«, die Partei ist aber rechtsliberal), ganz rechts Fortschrittspartei und Dansk Folkeparti sowie zwischen links und rechts noch einige kleinere Parteien wie die Zentrumsdemokraten und die Linksliberalen (Radikale Venstre). Da das dänische Wahlsystem für den Einzug ins Parlament (Folketing) nur eine Mindeststimmenzahl von 2% verlangt, bilden sich nur sehr schwer stabile Mehrheiten. Derzeit regiert eine Mitte-Links-Regierung unter Poul Nyrup Rasmussen.

Post

Briefe und Postkarten kosten derzeit 4,25 DKK. Die Postämter haben in der Regel Mo–Fr 9–18, Sa 9–13 Uhr geöffnet. Selbstverständlich kann man von dort aus auch faxen.

Reisewetter

Natürlich ist das dänische Wetter gewohnt mitteleuropäisch, man sollte sich allerdings darauf einstellen, dass es hier etwas windiger zugeht.

Wenn die Temperaturen im Sommer die 20 Grad überschreiten, kann das allerdings ganz angenehm sein. Von Mitte Juni bis ca. 10. August hat Dänemark alljährlich seine großen Ferien. Kombiniert mit dem Ansturm aus Norwegen, Schweden und den deutschsprachigen Ländern, ist das Land dann entsprechend voll. Wer folglich nicht auf die Schulferien angewiesen ist, sollte einen Urlaub im Mai oder, besonders schön, im September ins Auge fassen. Die Temperaturen sind dann nicht viel niedriger, und Sie haben mehr Platz für sich. Ab Oktober sinken die Temperaturen jedoch deutlich.

Insgesamt zeigt sich das dänische Wetter, insbesondere an der jütischen Westküste, durch das ozeanische Klima nicht sehr stabil. Ist der Morgen noch wolkenverhangen, so kann die Decke um 10 Uhr plötzlich aufreißen, und es beginnt ein Tag voller Sonne.

Rundfunk

Danmarks Radio (DR) besitzt vier Sender, P1–P4, von denen P3 populäre Musik sendet, P2 Klassik. Mittlerweile gibt es auch Privatsender.

Sprache

Das Dänische hört sich komplizierter an, als es sich liest. Wer das Plattdeutsche oder auch das Niederländische kennt, wird genug Verwandtschaften erkennen.

Natürlich gibt es im Land selbst auch genug Dialekte. Ein westjütischer Fischer spricht ein deutlich anderes Dänisch als ein Bauer auf Bornholm oder ein Angestellter in Kopenhagen. Da gibt es Einflüsse aus dem Englischen und Schwedischen, in Südjütland insbesondere aus dem Deutschen.

Ein deutschsprachiger Besucher wird sich dennoch ob der Verständigung keine Sorgen machen müssen, da die Dänen allesamt hervorragend Deutsch sprechen. Je touristischer eine Region, desto besser das Deutsch. Und falls die Verständigung einmal doch nicht klappt, kommt man mit ein paar Brocken Englisch weiter.

Ebenso wie sich in England das »you« als Anrede durchgesetzt hat, wird in Dänemark zumeist geduzt, das Siezen verliert immer mehr an Bedeutung. Dieses Duzen entspricht dem dänischen Gemeinschaftsgefühl, sollte aber auf keinen Fall mit Respektlosigkeit verwechselt werden.

Das Dänische kennt übrigens kein »x« mehr, sondern hat es durch »ks« ersetzt, wenngleich es noch historische Schreibweisen gibt. Am Ende des Alphabets stehen die Buchstaben Æ/æ, Ø/ø und Å/å, dies ist auch in diesem Buch beibehalten worden.

→ **Sprachführer S. 114**

Telefon

Auch in Dänemark gibt es neben den Münzapparaten mehr und mehr Kartentelefone. Karten erhalten Sie u. a. bei der Post, teilweise auch bei den lokalen Fremdenverkehrsbüros, auf dem Campingplatz etc. Mobiltelefone funktionieren überall problemlos. Bei

Die Klimadaten von Kopenhagen

	Januar	Februar	März	April	Mai	Juni	Juli	August	September	Oktober	November	Dezember
Durchschnittl. Temp. in °C – Tag	2,0	2,1	5,0	10,5	16,1	19,8	21,8	21,2	17,5	12,1	7,3	4,2
Durchschnittl. Temp. in °C – Nacht	-2,0	-2,5	0,8	3,1	7,5	11,2	13,6	13,5	10,5	6,7	3,3	0,7
Sonnenstunden pro Tag	1,4	2,1	4,1	6,1	8,4	8,5	8,0	6,5	5,7	3,0	1,2	0,8
Regentage	11	9	7	9	7	9	10	10	10	10	10	11
Wassertemp. in °C	3	2	3	5	9	14	16	16	14	12	8	5

Quelle: Deutscher Wetterdienst, Offenbach

den achtstelligen dänischen Telefonnummern definieren die ersten beiden Ziffern die Ortsvorwahl.

Vorwahlen
DK → D: 00 49
DK → A: 00 43
DK → CH: 00 41
D → DK: 00 45
A → DK: 00 45
CH → DK: 00 45

Tiere

Für das Einführen von Hund oder Katze nach Dänemark müssen Sie eine Tollwutimpfung vorweisen, die in den letzten ein bis zwölf Monaten stattgefunden hat. Für Ausflüge nach Norwegen oder Schweden müssen Sie allerdings bedenken, dass das Einreiseverfahren derart kompliziert ist, dass der Besuch nahezu unmöglich wird.

Verkehrsregeln

Auf Autobahnen dürfen 110 km/h gefahren werden, außerhalb von Ortschaften sonst 80 km/h, in Ortschaften 50 km/h. Wagen mit Anhängern dürfen auf Autobahnen 70 km/h fahren. Die Geldbußen sind recht saftig und müssen sofort bezahlt werden. Andernfalls wird der Wagen in Verwahrung genommen. Tagsüber müssen Sie das Abblendlicht einschalten. Es besteht Gurtpflicht. Die Promillegrenze liegt bei 0,5%.

Verkehrsverbindungen

Mit dem Auto
Ein Blick auf die Landkarte lässt erkennen, dass es in Dänemark nur wenige Autobahnen gibt. Die E 45, noch nicht durchgehend als Autobahn ausgebaut, führt die jütische Ostküste hinauf. Die E 47 führt von Rødby nach Kopenhagen und Helsingør. Die E 20 schließlich verbindet das westjütische Esbjerg über Fünen mit Kopenhagen.

Aber weshalb sollte dieses Land auch mehr Autobahnen benötigen? Schließlich leben gut 1,5 der fünf Millionen Einwohner im Großraum Kopenhagen. Abgesehen von Metropolen wie Odense, Århus und Aalborg ist der Verkehr im restlichen, ländlich geprägten Dänemark auch gering. Mit den hervorragend ausgebauten Landstraßen lässt sich somit auch problemlos und in aller Ruhe vorankommen. Denn eines ist den Dänen ohnehin fremd – Hektik.

Die **Margeritenroute** ist eine ausgeschilderte Route quer durch das Land, die die schönsten Landstriche und die größten Sehenswürdigkeiten miteinander verbindet. Die Strecke führt zumeist über kleine Landstraßen. Es hat durchaus seine Reize, das Land auf diese Weise kennen zu lernen, man muss dann allerdings tagtäglich nach einer neuen Unterkunft suchen und sollte, wegen der Überlandstraßen, viel Zeit einplanen.

Mit dem Fahrrad
Neben den Niederlanden ist Dänemark sicherlich das europäische Radlerparadies. Die Kommunen haben ihre Radwege wunderschön ausgebaut, durch Wälder oder entlang alter Bahntrassen gelegt oder aber Strecken ausgewiesen, die größtenteils über Dorfstraßen führen. Daneben gibt es noch neun nationale Radrouten. So bleiben Radfahrer weitgehend vom lärmenden und manchmal auch gefährlichen Autoverkehr verschont.

Eine erste Orientierung über die Radwege bietet die Radwanderkarte des Dänischen Radfahrerverbandes DCF im Maßstab 1:510 000. Zum Radeln selbst eignen sich am besten entweder die topographischen Karten im Maßstab 1:100 000 oder jene speziellen Radkarten, die die Kommunen, in Dänemark als Amt bezeichnet, teilweise veröffentlicht haben (»Cykelkort« oder »Cykelruter i ...«). Auch deren Maßstab beträgt überwiegend 1:100 000.

Ein Vorurteil sollten Radfahrer allerdings gleich vergessen: dass Dänemark ein flaches Land sei. Dies trifft sicherlich für Lolland und Falster zu. Doch schon Møn, sicherlich Langeland und Fünen sowie Seeland fordern dem Radler mit ihren Steigungen mehr ab. Auch die jütische Ostküste besitzt so ihre Herausforderungen. An der Westküste machen den Radfahrern weniger die Höhenunterschiede als vielmehr der Wind zu schaffen. Insgesamt genießen Radfahrer in Dänemark auch mehr Beachtung als etwa in Deutschland. Man nimmt mehr Rücksicht auf sie. Vorsicht ist dennoch allzeit geboten.

Mit dem Zug

Das dänische Zugnetz ist hervorragend ausgebaut, die Züge selbst sind äußerst komfortabel. Die Dänische Staatsbahn (DSB) unterscheidet zwischen Regional- und Interregionalzügen. Ergänzt wird das Bahnsystem durch einige kleinere Privatbahnen und ein gutes Busnetz.

Die bei uns als »2. Klasse« bezeichnete Kategorie heißt dort »Standard«, die »1. Klasse« in Regionalzügen »Komfort« und in Intercity-Zügen »Business«. Eine Reservierung ist nicht vorgeschrieben, doch dringend empfohlen.

Mit dem Schiff

Knapp 50 innerdänische Fährverbindungen gibt es derzeit. Neben den unvermeidlichen Verbindungen zu den Inseln wie Fanø, Ærø oder Samsø sind vor allem die große Fahrtstrecken ersparenden Verbindungen zwischen Jütland und Seeland wichtig. Die bekanntesten und wichtigsten sind Århus–Kalundborg und Ebeltaft–Sjælland Odde. Leider können diese Verbindungen von Jahr zu Jahr wechseln, da sich eine aufgenommene Verbindung womöglich schnell als unrentabel herausstellt. Das Dänische Fremdenverkehrsamt veröffentlicht alljährlich eine aktuelle Übersicht. Ob Sie mit dem Auto oder

Entfernungen (in km) zwischen wichtigen Städten Dänemarks

	Grenå	København	Odense	Ringkøbing	Rødby	Skagen	Thisted	Tønder	Århus	Aalborg
Grenå	–	345	209	188	374	235	193	241	62	132
København	345	–	136	320	152	486	384	383	283	382
Odense	209	136	–	184	161	346	250	146	147	244
Ringkøbing	188	320	184	–	345	277	124	149	128	174
Rødby	374	152	161	345	–	508	412	308	309	405
Skagen	235	486	346	277	508	–	175	377	214	103
Thisted	193	384	250	124	412	175	–	253	172	96
Tønder	241	383	146	149	308	377	253	–	180	275
Århus	62	283	147	128	309	214	172	180	–	111
Aalborg	132	382	244	174	405	103	96	275	111	–

mit dem Rad unterwegs sind, eine Fährfahrt gehört einfach zum Dänemark-Urlaub.

Windenergie

Auffällig sind die im ganzen Land zu sehenden modernen Windräder, Dänemarks Beitrag zu einer umweltfreundlichen Energiegewinnung. Natürlich erhält auch Dänemark seine Energie vorzugsweise aus Erdöl, dennoch kann die Windenergie mittlerweile einen Anteil von stolzen 6% verzeichnen. Der erste Windradpark entstand übrigens 1985 in Ebeltoft (nahe des Fähranlegers). Atomkraftwerke besitzt Dänemark nicht.

Wirtschaft

Vielfach besteht noch der Glaube, Dänemarks wirtschaftliche Säulen wären Fischerei und Landwirtschaft. Doch beide Erwerbszweige haben mittlerweile an Bedeutung verloren. Die dänischen Fischer spüren die Billigimporte aus Norwegen und Osteuropa. Fingen die Dänen noch vor 15 Jahren knapp 2 Milliarden Kilo Fisch, so sind es heute weniger als 1,5 Milliarden. Besonders dramatisch ist der Einbruch beim Dorsch gewesen. Die auch bei uns bekannte Krise der Landwirtschaft ist in Dänemark ebenso spürbar. Nur 5% aller Dänen arbeiten in der Landwirtschaft, vor 15 Jahren waren es noch 8%.

Bedeutendste Wirtschaftszweige sind die Industrie und die staatlichen Dienstleistungen. Weitere wichtige Erwerbszweige sind das Transport- und Kommunikationswesen sowie der Tourismus. Die deutlichsten Zuwächse bei den Beschäftigten hat es im Finanzbereich sowie im Gesundheits- und Sozialwesen gegeben. Wichtigste Handelspartner sind Deutschland, Schweden und Großbritannien.

Zu den reichsten Dänen gehören u. a. die Familie Kirk Christiansen (Lego) mit einem Privatvermögen von 23 Milliarden Kronen, die Familie Clausen (Danfoss) mit 16 Milliarden oder Lars Larsen (Jysk Sengetøjslager/Dänisches Bettenlager, Larsen Rejser) mit 1,5 Milliarden Kronen. Hingegen verdient ein Bibliothekar im Schnitt 18 500 DKK, ein Postbote 14 000 DKK und ein Professor 33 000 DKK pro Monat.

Zeitungen

Fünf Zeitungen prägen den dänischen Zeitungsmarkt, die Boulevardblätter *Ekstra Bladet* (liberal) und *B.T.* (konservativ) sowie die Abonnementszeitungen *Politiken* (liberal), *Jyllands-Posten* (konservativ) und *Berlingske Tidende* (konservativ).

Deutsche überregionale Zeitungen erhält man im Sommer fast überall tagesaktuell, ebenso alle bekannteren Illustrierten und Wochenzeitungen. Außerhalb der Saison erhält man eine Auswahl (max. einen Tag später) in allen größeren Städten. In Åbenrå (Südjütland) erscheint *Der Nordschleswiger*, die Zeitung der deutschsprachigen Minderheit in Dänemark.

Zoll

Das Entfallen der Einfuhrbeschränkungen innerhalb der EU gilt für Dänemark nur begrenzt. Nach wie vor gelten für Tabakwaren und Alkohol Einschränkungen. Deutsche und Österreicher dürfen 1,5 l Spirituosen mitbringen, Schweizer 1 l. Bei Zigaretten dürfen von Deutschen und Österreichern 300 Zigaretten eingeführt werden, von Schweizern 200 Stück.

Für andere Waren wie Kaffee oder Bier gilt, dass diese für den persönlichen Gebrauch bestimmt sein müssen und der Zoll nicht einen eventuellen Handel mit den Waren unterstellen kann.

826–865
Ende der Wikingerzeit, Ansgar christianisiert Skandinavien.

900–940
Bau des »Danewerks«, ein Schutzwall quer durch das heutige Schleswig-Holstein.

986–1014
König Sven Gabelbart erobert Norddeutschland und England.

1157–1183
In der Regierungszeit von Waldemar dem Großen wird Kopenhagen 1167 gegründet.

1397
Durch die Kalmarer Union kann Königin Margarete (1353–1412) Dänemark, Schweden und Norwegen vereinigen.

1460
Schleswig und Holstein kommen zu Dänemark.

1523
Schweden verlässt die Kalmarer Union.

1534–1536
Bürgerkrieg. Der wegen des Ausscheidens der Schweden aus der Kalmarer Union abgesetzte König Christian II. soll wieder inthronisiert und gleichzeitig der Katholizismus wieder gestärkt werden.

1536
Reformation.

1563–1570
Krieg gegen Schweden.

1658
Nach langjährigen Kriegen verliert Dänemark die Provinzen Skåne, Halland und Blekinge an Schweden.

1660
Einführung der absoluten und erblichen Monarchie.

1700–1721
Großer Nordischer Krieg um die Ostseeherrschaft.

1702
Die Leibeigenschaft der dänischen Bauern wird gelockert.

1773
Vereinigung von Dänemark, Schleswig und Holstein.

1766–1808
Regentschaft von König Christian VII. Großer deutscher Einfluss am Hof, besonders durch den königlichen Leibarzt Struensee.

1772
Struensee-Skandal. Dem Arzt wird eine Affäre mit der Königin unterstellt, er wird hingerichtet.

1778
Bauernbefreiung.

1801–1807
Dänemark nimmt an der Seite Frankreichs an der Kontinentalsperre teil. Die Engländer zerstören die dänische Flotte und stecken Kopenhagen in Brand.

1813
Dänemark ist bankrott.

1814
Dänemark verliert Norwegen und Helgoland durch den Kieler Frieden.

1848
Einführung der konstitutionellen Monarchie. Deutsch-dänischer Krieg um Schleswig und Holstein, der 1850 mit dem Sieg der Dänen bei Idsted endet.

1849
Einführung des Grundgesetzes, der Verfassung und Bildung des Reichstages.

1864
Krieg zwischen Dänemark und Preußen sowie Österreich. Dänemark verliert Schleswig und Holstein.

1915
Allgemeines und gleiches Wahlrecht sowie Frauenwahlrecht.

1918
Island wird formal selbstständig, der dänische König bleibt allerdings isländisches Staatsoberhaupt.

1920
In einer Volksabstimmung im Zuge der deutschen Niederlage im Ersten Weltkrieg fällt der Nordteil von Schleswig wieder an Dänemark.

1924
Erstmals stellen die Sozialdemokraten die Regierung.

1940–1945
Das Deutsche Reich besetzt Dänemark.

1944
Island trennt sich endgültig von Dänemark.

1948
Die Færøer werden zum Teil selbstständig.

1949
Dänemark gehört zu den Gründungsmitgliedern der NATO.

1972
Königin Margarethe II. folgt ihrem Vater Frederik IX. auf den Thron.

1973
Dänemark tritt der EG bei.

1979
Grönland wird teilselbstständig.

1989
Die Ehe zwischen gleichgeschlechtlichen Partnern wird legalisiert.

1992
Die Dänen lehnen in einer Volksabstimmung die Maastrichter EU-Verträge ab.

1993
In einer zweiten Abstimmung entscheiden sich die Dänen für die Maastrichter Verträge.

1996
Kopenhagen ist Europas Kulturhauptstadt.

1997
Die Königin feiert ihr 25-jähriges Thronjubiläum. Die Verbindung über den Großen Belt wird für den Eisenbahnverkehr freigegeben.

1998
Die Brückenverbindung über den Großen Belt wird für Autos freigegeben.

2000
Die Tunnel-/Brückenverbindung nach Malmö/Schweden wird eröffnet.

Die Olsen Brothers gewinnen für Dänemark den Schlager Grand Prix.

Während des Festivals in Roskilde werden mehrere Teilnehmer von den Menschenmassen zu Tode gequetscht.

In einer Volksabstimmung wird die Einführung des Euro abgelehnt.

Königinmutter Ingrid stirbt.

2001
Die Grenzkontrollen von und nach Deutschland werden eingestellt.

Wichtige Wörter und Ausdrücke

Ja	*ja*
Nein	*nej*
Verzeihung, bitte	*undskyld*
Bitte	*værs' go*
Keine Ursache	*ingen årsag*
Vielen Dank	*mange tak*
Das ist nett, danke	*det er fint, tak*
Wie bitte	*hvad behager?*
Das tut mir leid	*det gøer mig ondt*
Ich heiße ...	*mit navn er ...*
Hilfe	*hjeælp*
Guten Morgen	*god morgen*
Guten Tag	*god dag*
Guten Abend	*god aften*
Ich möchte ...	*jeg vil gerne ...*
Gibt es ...?	*er der ...?*
Wann?	*hvornår?*
Wie lange?	*hvor længe?*
Wie viel?	*hvor meget?*
Wo?	*hvor?*
Wo ist/sind?	*hvor er ...?*
Was?	*hvad?*
Können Sie mir bitte sagen, wo ... ist?	*vil de være venlig at sige mig, hvor ... er?*
Wie geht es Ihnen (dir)?	*hvordan har de (du) det?*
Danke, gut	*godt tak*
Woher kommen Sie (du)?	*hvor kommer de (du) fra?*
Wann treffen wir uns?	*hvornår kan vi ses?*
Was heißt ... auf dänisch?	*hvad hedder – på dansk?*
Wie geht es?	*hvordan går det?*
Wie geht es Ihnen?	*hvordan har de det?*
Danke. Und Ihnen/dir?	*godt tak. hvad med dig/dem?*
Woher kommst du?	*hvor kommer du fra?*
Woher kommen Sie?	*hvor kommer de fra?*
Ich komme aus ...	*jeg kommer fra ...*
Wie lange bleiben Sie?	*hvar længe skal vi ikke ses igen?*
Auf Wiedersehen!	*farvel!*
Bis bald!	*vi ses!*
Alles Gute!	*hav' de godt!*
Gute Reise!	*god rejse!*

Zahlen: ugedage

Montag	*mondag*
Dienstag	*tirsdag*
Mittwoch	*onsdag*
Donnerstag	*torsdag*
Freitag	*fredag*
Samstag	*lørdag*
Sonntag	*søndag*

Monate: månader

Januar	*januar*
Februar	*februar*
März	*marts*
April	*april*
Mai	*maj*
Juni	*juni*
Juli	*juli*
August	*august*
September	*september*
Oktober	*oktober*
November	*november*
Dezember	*december*

Zeitangaben: tidsangivelser

morgen	*i morgen*
gestern	*i går*
heute	*i dag*
abends	*om aften*
gegen Mittag	*henimod middag*
am Wochenende	*i weekenden*
Wie viel Uhr ist es?	*hvad er klokken?*
es ist ...	*den er ...*
4 Uhr	*fire*
10 nach 4	*ti minutter over fire*
viertel nach 4	*kvart over fire*
5 vor 3	*fem minutter i tre*

Jahreszeiten: årstider

Frühling	*forår*
Sommer	*sommer*
Herbst	*efterår*
Winter	*vinter*

Wetter: vejret

Wie wird das Wetter heute	*hvordan bliver vejret i dag?*
Wir bekommen schönes/ schlechtes/unbeständiges Wetter	*vi får smukt/ dårligt/ustadigt vejr*
Es wird wärmer/ kälter	*det bliver varmere/koldere*
Es soll regnen/ schneien	*det bliver regnvejr/snevejr*
Es zieht ein Gewitter auf	*det bliver tordenvejr*
Wir bekommen Sturm	*vi får storm*
Die Sonne scheint	*solen skinner*
Wie viel Grad haben wir heute?	*hvor mange grader er det i dag?*
Es ist 22 Grad	*det er 22 grader*

Im Restaurant: på restaurant

Wo gibt es ein gutes Restaurant?	*hvor er der en god restaurant?*
Reservieren Sie uns bitte für heute abend einen Tisch für zwei Personen	*vuk de være venlig at reservere et bord til i aften til to personer*
Ist dieser Tisch noch frei?	*er dette bord ledigt?*
Wo sind die Toiletten bitte?	*hvor er toiletterne?*
Haben Sie vegetarische Gerichte?	*har de vegetariske retter?*
Was möchten Sie bitte?	*hvad ønsker de?*
Ich nehme ...	*jeg tager ...*
Was wollen Sie trinken?	*hvad ønsker de at drikke?*
Bitte ein Glas/ eine Flasche ...	*et glas/et flaske..., tak*
Haben Sie noch einen Wunsch?	*ellers andet?*
Bezahlen bitte	*jeg vil gerne betale*
Es stimmt so	*det passer*
Hat es geschmeckt?	*smagte det godt?*
Das Essen war ausgezeichnet	*maden var udmærket*

Unterkunft: Tag over hovedet

Haben Sie noch Zimmer frei?	*har de ledige værelser?*
Können Sie mir bitte ein gutes Hotel empfehlen?	*kunne de anbefale mig et godt hotel*
Gibt es hier eine Jugendherberge/einen Campingplatz?	*er der et vandrerhjem/en campingplads her?*
Was kostet das Zimmer mit Frühstück/ Halbpension/ Vollpension	*hvad koster værelset med morgenmad/ hjalvpension/ helpension?*
Zum Frühstück nehme ich ...	*til morgendmad tager jeg ...*
Ich reise morgen um ... ab	*jeg rejser i morgen klokken ...*
Wo kann ich meinen Wohnwagen aufstellen?	*hvor må jeg stille min campingvogn?*

Unterwegs: på vej

Können Sie mir sagen, wie ich nach ... komme?	*kan de sige mig, hvordan jeg kommer til ...?*
Wie weit ist es nach ...?	*hvor langt er det til ...?*
Wo ist bitte die nächste Tankstelle?	*undskyld, hvor er den nærmeste tankstation?*
Sie sind hier falsch	*de er kørt forkert*
Sie müssen zurückfahren bis ...	*de må tilbage til ...*
Können Sie mir die Strecke auf der Karte zeigen?	*undskyld, vil de vise mig strækningen på kortet?*
Wo ist die nächste Werkstatt?	*hvor er der et værksted?*
Zweimal ... hin und zurück, bitte	*to tur-retur ... tak*
Einen Fensterplatz?	*en vinduesplads?*
Hat der Zug aus ... Verspätung?	*er toget fra ... forsinket?*
Können Sie mir bitte helfen?	*undskyld, kan de hjælpe mig?*

A
B
C
0
30 km
Skagerrak
1
North
Sea
Bergen
Torshavn
Newcastle
Harwich
Ijmuiden
2
Jammerbugt
Bulbjerg
47
Lild Strand
Vust
Vigsø Bugt
Hanstholm
Vigsø
Ræhr
Hjardemål
Frøstrup
Fjerritslev
Klitmøller
Østerild
42
11
29
Vester Vandet
Skinnerup
Vesløs
Aggersund
Løgstør
Thy
Nørre Vorupør
Thisted
Hundborg
13
Thisted Bredning
Limfjorden
Stenbjerg
26
Livø
Vilsted
Sundby
Sønder Dråby
89
Salgjerhøj
Vitskøl Kloster
Ørum
Fur
Koldby
19
Nykøbing
Nederby
Trend
Mors
Agger
Villerslev
Jesperhus Blomsterpark
24
Strandby
Hurup
Vestervig
Glyngøre
Selde
3
Karby
64
Mors
Højris
16
Fovlum
Ydby
Thyborøn
Øster Assels
Roslev
Hvalpsund
Hessel
Nissum Bredning
11
Vium
Breum
Gedsted
Lovns Bredning
Rødding
Vrist
Harboøre
Flovlev
Kås Bredning
Spøttrup
14
Ørslevkloster
Salling
31
Odby
Sønder Balling
Lem
Klinkby
Nissumby
Skive
Hald
Sundsøre
26
Lynderupgård
Humlum
Ferring
Bovbjerg
41
Lemvig
Venø Bugt
Højslev Stby
Resenstad
Estvad
Vinderup
29
Frilandsmuseum
Kalkgruber
Struer
Hand-bjerg
Sevel
90
Stubber-kloster
Bovlingbjerg
Bækmarksbro
16
Sjørup
15
Thorsminde
Linde
Hald
Holstebro
Skave
52
Haderup
Grønhøj
Nissum Fjord
Vemb
Storå
Over Feldborg
Sonder Nissum
Nørre Vosborg
Tvis
Frederiks
4
Husby
Lilleå
Nørre Felding
43
Over Simmelkær
Staby
Ulfborg
Aulum
32
38
32
11
13
Ilskov
16
Stadil
111
18
Vildbjerg
Sunds
Bording Kirkeby
28
Tim
Ørnhøj
Stadil Fjord
Grønbjerg
Herning
23
Søndervig
Harsyssel
Havnstrup
Ikast
Ringkøbing
16
15
Videbæk
30
Lind
Rind Kirke
Isenvad
20
Hvide Sande
Astrup
Kibæk
18
Fasterholt
Troldhede
Ejstrup
Ringkøbing Fjord
A
B
C

118

D
E
F
1
2
3
4
Skagen
Grenen
Hulsig
Råbjerg Mile
Ålbæk
Ålbæk Bugt
Tannis Bugt
Hirtshals
Åbyen
Bindslev
Jerup
Uggerby Å
Bjergby
Mosberg
Hjørring
Frederikshavn
Sønderskov
Børglum-kloster
Tårs
Understed
Løkken
Vrå
Øster Vrå
Sæbygård
Sæby
Vrensted
Serritslev
Hørby
Rampen
Fårup
Vester Hjermitslev
Jerslev
Dybvad
Blokhus
Saltum
Brønderslev
Flauenskjold
Voergård Slot
Lyngså
Pandrup
Tylstrup
Knøsen 136
Voerså
Vendsyssel
Ryå
Agersted
Birkelse
Aabybro
Hjallerup
Dronninglund
Asaa
Lindholm Høje
Gerå
Gjøl
Nørresundby
Ulsted
Hou
Bredning
Langerak
Vester Hassing
AALBORG
Hals
Nibe
Storvorde
Svenstrup
Mou
Øster Hornum
Ellidshøj
Gudumholm
Mulbjerge 48
Støvring
Lille Vildmose
Dokkedal
Lindenborg Å
Lyngby
Sønderup
Skørping
Terndrup
Øster Hurup
Rold
Villestrup
Astrup
Store Binderup
Nørlund
Als
Nørager
Vebbestrup
Vive
Visborggård
Hadsund
Valsgård
Mariager Fjord
62
Hobro
Mariager
Udbyneder
Udbyhøj
Vasehuse
Fyrkat
Gassum
Råby
Skals Å
Handest
Spentrup
Udby
Mellerup
Bønnerup Strand
Tjele
Hammershøj
Støvringgård
Mejlgård
Gjerrild
Sostrup
Fjellerup
Fussingø
Avlsgård
Randers
Allingåbro
Gammel Estrup
Voldby
Ørum
Fausing
Grenå
Ålum
Auning
Ulstrup
Djursland
Langå
Clausholm
Gudenå
Kolind
Ålsø
Houlbjerg
Ølst
Voldum
Trustrup
Hadsten
Rosenholm
Ødum
Tirstrup
Balle
Vejerslev
Haldum
Hornslet
Rønde
Rugård
Frijsenborg
Løgten
Kalø Slot
Hammel
Agri Bavnehøj 137
Hyllested
Skovgårde
Gjern
Sabro
Lystrup
Pokær Stenhus
Ebeltoft
Automobilmus.
Risskov
Silkeborg
Mols
Fuglsø
Elsegårde
Linå
ÅRHUS
Hjelm
Ry
Veng
Skåde
Himmelbjerget 147
Moesgård
Ørby
Mossø
Skanderborg
Beder
Århus Bugt
Ejer Bavnehøj
Norsminde
Vesterø Havn
Østerby Havn
Læsø
Byrum
Læsø Rende
Aalborg Bugt
Oslo, Moss
Larvik
Göteborg
Anholt
Varberg
Halmstad
119
E39
E45
10
11
15
16
26
35
55

116

A B C

5

6

7

8

A B C

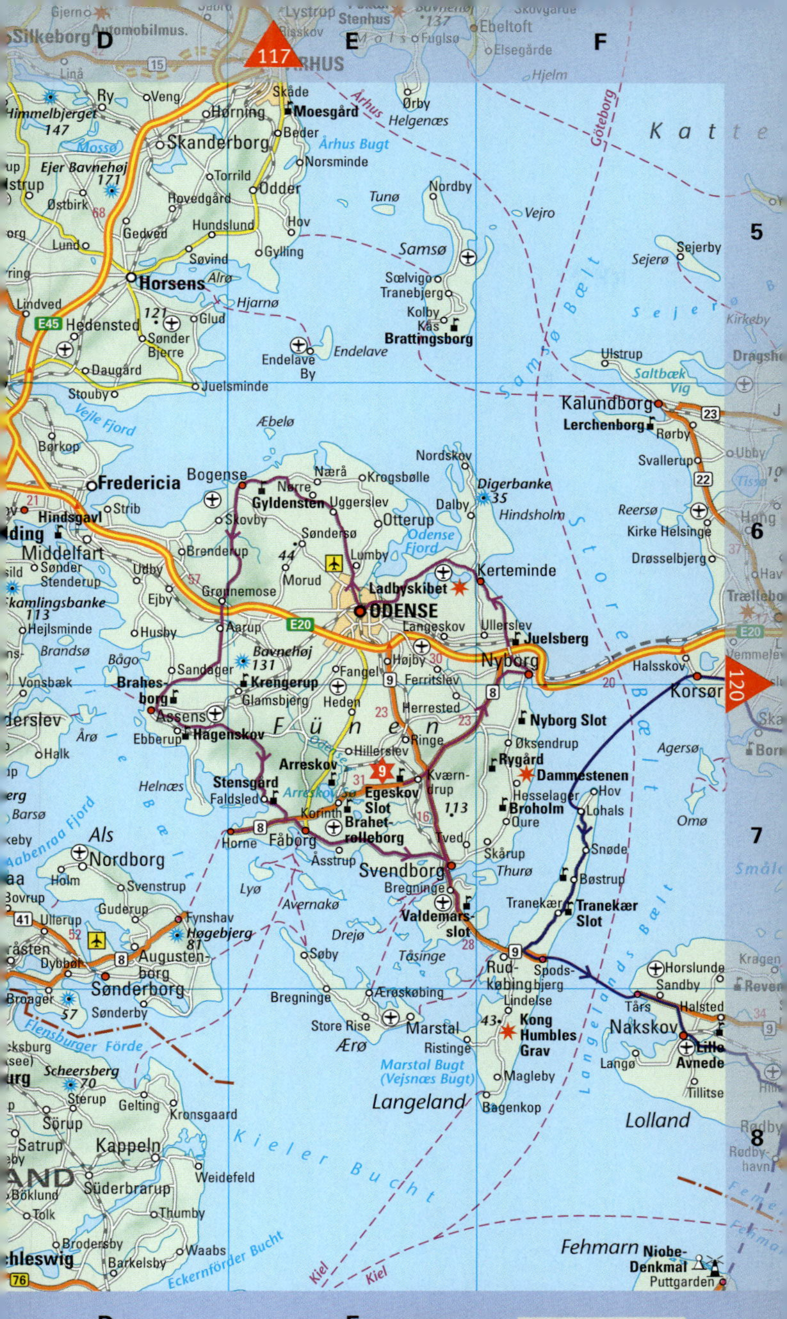
D
E
F
5
6
7
8
117
120
Silkeborg
Automobilmus.
Lystrup
Risskov
Århus
Ebeltoft
Elsegårde
Fuglsø
Hjelm
Ry
Veng
Himmelbjerget 147
Mossø
Skanderborg
Hørning
Skåde
Moesgård
Beder
Århus Bugt
Ørby
Helgenæs
Kattegat
Göteborg
Ejer Bavnehøj 171
Østbirk
Torrild
Odder
Norsminde
Hovedgård
Gedved
Hundslund
Hov
Tunø
Nordby
Vejro
Lund
Søvind
Gylling
Samsø
Sejerby
Sejerø
Horsens
Alrø
Hjarnø
Sælvig
Tranebjerg
Kolby
Kås
Brattingsborg
Lindved
E45
Hedensted
121
Glud
Sønder Bjerre
Endelave By
Endelave
Samsø Bælt
Sejerø Bugt
Kirkeby
Ulstrup
Saltbæk Vig
Daugård
Juelsminde
Stouby
Vejle Fjord
Æbelø
Kalundborg
Lerchenborg
Rørby
23
Ubby
Børkop
Nordskov
Svallerup
22
Fredericia
Bogense
Nærå
Krogsbølle
Digerbanke 35
Hindsholm
Dalby
Hindsgavl
Strib
Nørre
Gyldensten
Uggerslev
Otterup
Reersø
Kirke Helsinge
Skovby
Søndersø
Odense Fjord
Middelfart
Brenderup
Lumby
Drøsselbjerg
Sønder Stenderup
Udby
44
Morud
Kerteminde
Ladbyskibet
Ejby
Grønnemose
Store Bælt
Skamlingsbanke 113
ODENSE
Hejlsminde
Husby
Aarup
E20
Langeskov
Ullerslev
Juelsberg
Brandsø
Bågo
Bavnehøj 131
Højby
Nyborg
Halsskov
Vonsbæk
Sandager
Fangel
Ferritslev
Brahesborg
Krengerup
Glamsbjerg
Heden
Korsør
Assens
Herrested
Nyborg Slot
Fünen
Årø
Ebberup
Hågenskov
Ringe
Øksendrup
Agersø
Halk
Hillerslev
Rygård
Helnæs
Arreskov
Dammestenen
Stensgård
Faldsled
Arreskov Sø
Kværndrup
Hesselager
Hov
Egeskov Slot
Broholm
Lohals
Omø
Korinth
113
Aabenraa Fjord
Als
Brahetrolleborg
Oure
Horne
Fåborg
Tved
Snøde
Nordborg
Åsstrup
Svendborg
Skårup
Thurø
Holm
Svenstrup
Bøstrup
Lyø
Bregninge
Guderup
Avernakø
Tranekær
Tranekær Slot
Fynshav
Høgebjerg 81
Valdemars-slot
Drejø
Augustenborg
Søby
Tåsinge
Rudkøbing
Spodsbjerg
Horslunde
Dybbøl
Sandby
Sønderborg
Bregninge
Ærøskøbing
Lindelse
Tårs
Halsted
Broager
57
Sønderby
Store Rise
Marstal
43
Kong Humbles Grav
Nakskov
Lille Avnede
Flensburger Förde
Ærø
Ristinge
Langø
Marstal Bugt (Vejsnæs Bugt)
Langelands Bælt
Scheersberg 70
Magleby
Tillitse
Sterup
Gelting
Langeland
Kronsgaard
Bagenkop
Lolland
Sörup
Rødby
Satrup
Kappeln
Rødbyhavn
Kieler Bucht
Weidefeld
Süderbrarup
Böklund
Tolk
Thumby
Brodersby
Waabs
Fehmarn
Niobe-Denkmal
Schleswig
Barkelsby
Eckernförder Bucht
Kiel
Puttgarden
D
E

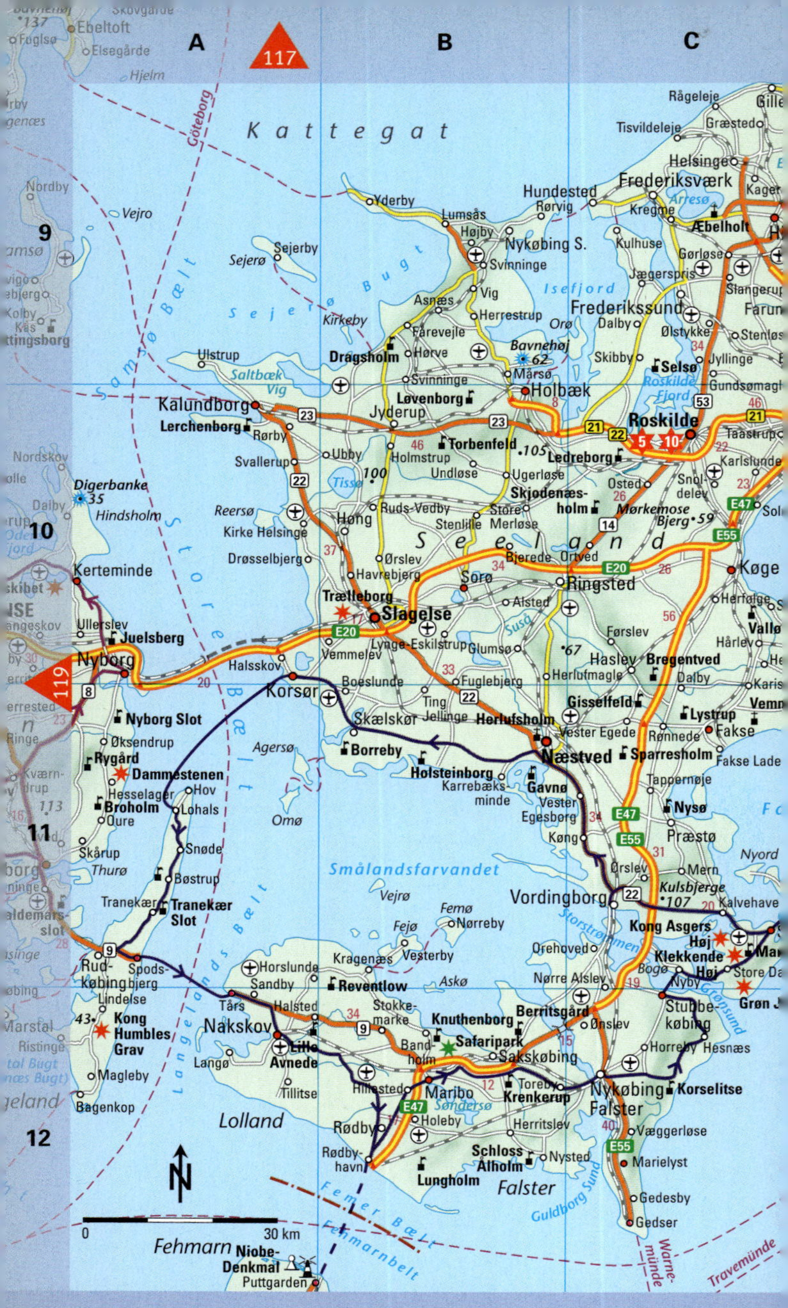
A
B
C
117
119
9
10
11
12
Kattegat
Ebeltoft
Elsegårde
Hjelm
Göteborg
Fuglsø
Nordby
Vejro
Sejerby
Sejerø
Sejerø Bugt
Samsø Bælt
Kirkeby
Yderby
Lumsås
Højby
Nykøbing S.
Svinninge
Vig
Asnæs
Herrestrup
Fårevejle
Dragsholm
Hørve
Bavnehøj
62
Mårsø
Holbæk
Isefjord
Orø
Hundested
Rørvig
Frederiksværk
Arresø
Kregme
Kulhuse
Rågeleje
Tisvildeleje
Græsted
Helsinge
Gilleleje
Kagerup
Æbelholt
Gørløse
Jægerspris
Slangerup
Farum
Frederikssund
Dalby
Ølstykke
Stenløse
Skibby
Selsø
Jyllinge
Gundsømagle
Roskilde Fjord
Roskilde
Taastrup
Karlslunde
Ulstrup
Saltbæk Vig
Kalundborg
Lerchenborg
Rørby
Jyderup
Løvenborg
Torbenfeld
Holmstrup
Undløse
Ugerløse
Ledreborg
105
Svallerup
Ubby
Tissø
100
Skjoldenæsholm
Osted
Snoldelev
Mørkemose Bjerg
59
Solrød
Digerbanke
35
Hindsholm
Nordskov
Dalby
Reersø
Kirke Helsinge
Høng
Ruds-Vedby
Stenlille
Store Merløse
Sjælland
Drøsselbjerg
Ørslev
Havrebjerg
Bjerede
Ortved
Sorø
Ringsted
Køge
Kerteminde
Storebælt
Trælleborg
Slagelse
Alsted
Herfølge
Vallø
Ullerslev
Juelsberg
Nyborg
Vemmelev
Lynge-Eskilstrup
Glumsø
Suså
Førslev
67
Hårlev
Halsskov
Korsør
Boeslunde
Fuglebjerg
Hasley
Bregentved
Dalby
Karise
Ting Jellinge
Herlufmagle
Gisselfeld
Vemmetofte
Nyborg Slot
Skælskør
Herlufsholm
Lystrup
Fakse
Øksendrup
Rygård
Dammestenen
Agersø
Borreby
Holsteinborg
Vester Egede
Rønnede
Næstved
Sparresholm
Fakse Ladeplads
Kværndrup
Hesselager
Hov
Broholm
Lohals
Karrebæksminde
Gavnø
Vester Egesborg
Tappernøje
Nysø
Omø
Præstø
Oure
Kong
Snøde
Skårup
Thurø
Smålandsfarvandet
Nyord
Bøstrup
Ørslev
Mern
Kulsbjerge
107
Tranekær
Tranekær Slot
Vejrø
Femø
Nørreby
Vordingborg
Kalvehave
Fejø
Storstrømmen
Kong Asgers Høj
Klekkende Høj
Møn
Rudkøbing
Spodsbjerg
Horslunde
Kragenæs
Vesterby
Orehoved
Bogø
Nyby
Store Damme
Lindelse
Sandby
Reventlow
Askø
Nørre Alslev
Grøn Jæger
Marstal
Tårs
Halsted
Stokkemarke
Knuthenborg
Berritsgård
Stubbekøbing
Kong Humbles Grav
43
Nakskov
Langeland
Langelands Bælt
Lille Avnede
Bandholm
Safaripark
Sakskøbing
Ønslev
Horreby
Hesnæs
Grønsund
Ristinge
Langø
Hillested
Maribo
Toreby
Krenkerup
Nykøbing Falster
Korselitse
Magleby
Tillitse
Søndersø
Bagenkop
Lolland
Rødby
Holeby
Herritslev
Væggerløse
Rødbyhavn
Schloss Ålholm
Nysted
Marielyst
Lungholm
Falster
Guldborg Sund
Gedesby
Gedser
Femer Bælt
Fehmarnbelt
Fehmarn
Niobe-Denkmal
Puttgarden
Warnemünde
Travemünde
0
30 km
N
E20
E47
E55
21
22
23
53
14
8
9

D
E
F
9
10
11
12
Helsingborg
Sofiero
Vrams Gunnarstorp
Herrevadskloster
Ljungbyhed
Kristianstad
Norra Mellby
Vätteryd
Skånes djurpark
Höör
Tollarp
SVERIGE
Västra Ringsjön
Östra Ringsjön
Bösjökloster
Hörby
Landskrona
Trollenäs
Skarhult
Eslöv
Svenstorp
Borgeby
Kävlinge
Lund
Gillhög
Christinehof
Oveds-kloster
Sjöbo
Lomma
Dalby
Staffanstorp
KØBENHAVN (KOPENHAGEN)
MALMÖ
Torup
Sövdeborg
Skabersjö
Svaneholm
Svedala
Börringe-kloster
Skurup
Marsvins-holm
Ystad
Trelleborg
Falsterbo
Smygehamn
Amager
Dragør
Saltholm
Ven
Øresund
Baltic Sea
Rønne
Klaipėda
Ertholmene
Hammershus
Allinge
Gudhjem
Østerlars
Svaneke
Hasle
Nyker
Lilleborg
Aakirkeby
Neksø
Pedersker
Snogebæk
Bornholm
København
Neu-Mukran
Świnoujście
Helsinki
Kaliningrad
Liselund
Møns Klint
Sukkertoppen 143
Klintholm
Stevns Klint
Wittow
Putgarten
Altenkirchen
Tromper Wiek
Jasmund
Wiek
Schloss Spyker
Nationalpark
Hiddensee
Naturpark
Vitte
Glowe
Sagard
Sassnitz
Neuendorf
Vorpommersche Boddenlandschaft
Schaprode
Trent
Rügen
Kluis
Neu-Jasmund
Mukran

KARTENREGISTER

Zeichenerklärung
❍ Orte
★ Sehenswürdigkeit

Orts- und Sachregister

Hier finden Sie alphabetisch aufgeführt alle in diesem Band beschriebenen Orte und Ziele, Routen und Touren. Bei einzelnen Sehenswürdigkeiten steht jeweils der dazugehörige Ort in Klammern, bei Hotels steht zusätzlich die Abkürzung H für Hotel.

Außerdem enthält das Register wichtige Stichworte sowie alle MERIAN-Tipps und Extras dieses Reiseführers. Wird ein Begriff mehrfach aufgeführt, verweist die **fett** gedruckte Zahl auf die Hauptnennung im Band.

Die ganze Welt von MERIAN *live!*

Ägypten
Algarve
Allgäu
Amsterdam
Andalusien
Apulien mit Gargano

Bali
Bangkok
Barcelona
Bayerischer Wald
Berlin
Berlin, englische Ausgabe
Bodensee
Bretagne
Budapest

Chalkidiki
Chicago · Große Seen
Chios, Lesbos und Samos
Cinque Terre und Ligurien
Côte d'Azur

Dänemark
Dalmatien
Dominikanische Republik
Dresden
Dublin

Elba
Elsass
Emilia Romagna
Englands Norden
Englands Süden

Finnland
Florenz
Florida
Französische Atlantikküste und Dordogne
Fuerteventura

Gardasee
Golf von Neapel
Gomera
Gran Canaria

Hamburg
Hawaii
Hongkong

Ibiza · Formentera
Irland mit Nordirland
Island
Israel
Istanbul
Istrien

Jamaika
Jordanien

Kalabrien
Kalifornien
Kanada: Der Osten
Kanada: Der Westen
Kanalinseln
Kapstadt
Kopenhagen
Korfu und die Ionischen Inseln
Korsika
Kos
Kreta
Kuba

La Palma
Languedoc-Roussillon
Lanzarote
Las Vegas
Leipzig
Lissabon
London
Los Angeles
Luxemburg

Madeira
Madrid
Mailand
Malediven
Mallorca
Malta
Marokko
Mauritius
Mecklenburgische Seenplatte
Menorca
Mexico City
Mexiko
München

New York
Niederlande
Nordseeküste Schleswig-Holstein
Norwegen

Oberbayern
Oman · VAE
Ostfriesland mit Inseln
Ostseeküste Mecklenburg-Vorpommern
Ostseeküste Schleswig-Holstein

Paris
Peking
Phuket
Piemont und Lombardei
Portugal
Prag
Provence

Rhodos
Rio de Janeiro
Rom
Rügen und Hiddensee

Salzburg und Salzburger Land
San Francisco
Sankt Petersburg
Sardinien
Schottland
Schwarzwald
Schweden: Der Süden
Senegal · Gambia
Sevilla
Singapur
Sizilien
Slowenien
Sri Lanka
Stockholm
Straßburg
Südafrika
Südtirol
Sydney
Sylt

Teneriffa
Tessin
Thailand
Toskana
Türkei: Südküste
Türkei: Westküste
Tunesien

Umbrien
USA: Nationalparks West
USA: Neuengland
USA: New Orleans und der alte Süden
USA: Route 66
USA: Südwesten
Usedom

Venedig
Verona und Veneto
Von München nach Verona

Wien

Yucatán

Zürich
Zypern

MERIAN *live!*

Impressum

Liebe Leserinnen und Leser,

wir freuen uns, Ihre Meinung zu diesem Reiseführer zu erfahren. Bitte schreiben Sie uns, wenn Sie Berichtigungen und Ergänzungsvorschläge haben oder wenn Ihnen etwas besonders gut gefällt:

TRAVEL HOUSE MEDIA GmbH, Postfach 86 03 66, 81630 München
E-Mail: merian-live@travel-house-media.de Internet: www.merian.de

Alle Angaben in diesem Reiseführer sind gewissenhaft geprüft. Preise, Öffnungszeiten usw. können sich aber schnell ändern. Für eventuelle Fehler übernimmt der Verlag keine Haftung.

Bei Interesse an Karten aus MERIAN-Reiseführern schreiben Sie bitte an:
iPUBLISH GmbH, geomatics
Berg-am-Laim-Straße 47
81673 München
E-Mail: geomatics@ipublish.de

Fotos
Titelbild: F. Dressler
A. Blich 27, 31 oben, 72, 76, 79 Mitte; N. Bork 47 Mitte, 58/59, 64; K. de Cuveland 67 oben; F. Dressler 67 unten, 79 unten, 90/91, 96/97, 100/101; U. Haafke 9, 12/13, 15, 18/19, 24/25, 41, 88/89; H. Klüche 17, 28, 47 oben, 56/57, 67 Mitte, 79 oben; M. Pasdzior 11; A. Sach 31 unten, 44, 74; J. Scherping 2, 51; D. Schröder 4/5, 31 Mitte, 39, 42, 47 unten

Programmleitung
Susanne Böttcher
Redaktion
Christa Botar
Karten
MERIAN-Kartographie
Gestaltung
Ludwig Kaiser
Produktion
Gloria Pall
Satz
Filmsatz Schröter, München

Sonderausgabe für LINAK.

Druck
Appl, Wemding
Bindung
Auer, Donauwörth
Gedruckt auf
Primabulk von Papier Union

3. Auflage
ISBN 3-7742-5685-3

TRAVEL HOUSE MEDIA

Ein Unternehmen der
GANSKE VERLAGSGRUPPE